코바늘로 만드는 내추럴 잡화

우아한
코바늘 손뜨개

LACE/KAGIHARIAMI NO BEST SELECTION_NATURAL JAKKA BEST SELECTION
by Apple mints
ⓒ Apple mints 2014, Printed in Japan
Korean translation copyright ⓒ 2015 by JEUMEDIA
First published in Japan by Apple mints
Korean translation rights arranged with E&G CREATES
through Imprima Korea Agency.

이 책의 한국어판 저작권은 Imprima Korea Agency를 통해
E&G CREATES와의 독점계약으로 제우미디어에 있습니다.
저작권법에 의해 한국 내에서 보호를 받는 저작물이므로 무단전재와 무단복제를 금합니다.

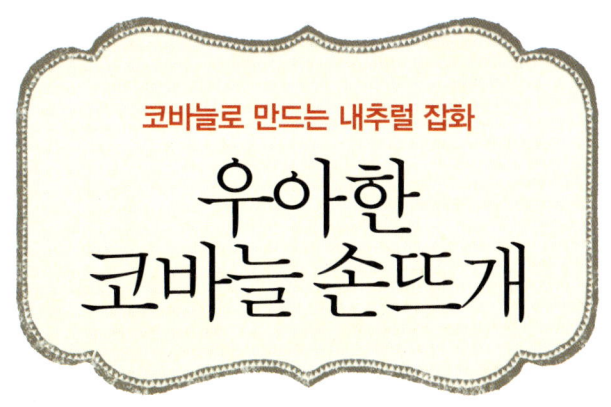

코바늘로 만드는 내추럴 잡화

우아한 코바늘 손뜨개

applemints 엮음 | 남궁가윤 옮김 | 송영예 감수

제우미디어

Contents

PART 1   레이스 인테리어 소품 · p. 26

PART 2   주방 잡화 · p. 36

PART 3   과일 & 간식 소품 · p. 44

PART 4 패션 잡화 · p.52

BASIC LESSON

뜨개도안 보는 법 · p.6
사슬코 보는 법 · p.6
실과 바늘 잡는 법 · p.7
첫 코 만드는 법 · p.7
기초코 · p.8
앞단에서 코 줍는 법 · p.9
뜨개코 기호 · p.10
스레드 끈 뜨는 법 · p.17
감침질로 잇는 법 · p.25
뜨개방울 만드는 법 · p.25

POINT LESSON

②⑨⑩ 감는 장미 만드는 법 · p.18, 21
⑧ 잎 뜨는 법 · p.18
⑧ 열매 뜨는 법 · p.20
⑪ 꽃a, 꽃b 뜨는 법 · p.21~22
㉑㉒ 무늬뜨기 하는 법 · p.22
㉓ 딸기 만드는 법 · p.23
㉔ 열매 만드는 법, 단추 만드는 법, 가름실 만드는 법 · p.24
㉕ 모티브 잇는 법(빼뜨기로 잇기) · p.24
㉝ 미니 리스의 꽃철사를 감싸며 뜨는 법 · p.25

BASIC LESSON
코바늘뜨기 기초

❄ **뜨개도안 보는 법** ❄ 뜨개도안은 모두 겉에서 본 상태를 기호로 표시한다. 코바늘뜨기에서는 겉뜨기와 안뜨기를 구별하지 않으므로(걸어뜨기 코는 제외) 뜨개조직 겉과 안을 번갈아서 보며 뜨는 왕복뜨기일 때도 기호 표시는 똑같다.

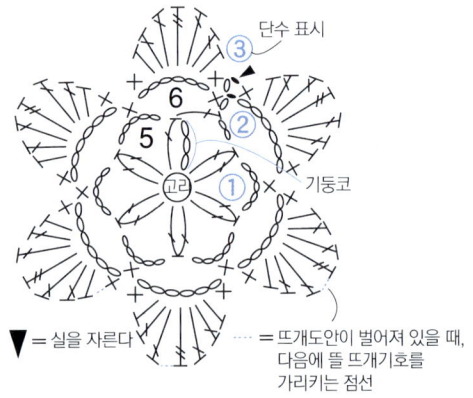

중심에서부터 원형으로 뜰 때
중심에서 고리(또는 사슬코)를 만들고 1단씩 원을 그리듯이 뜬다. 단마다 처음에 기둥코를 세우고 나서 뜨며, 기본적으로는 뜨개조직의 겉을 보고 뜨개도안을 시계 반대 방향으로 따라가며 뜬다.

왕복뜨기를 할 때
좌우에 기둥코가 오는 것이 특징이다. 오른쪽에 기둥코가 있을 때는 뜨개조직 겉을 보고 뜨개도안을 오른쪽에서 왼쪽으로 따라가며 뜨고, 왼쪽에 기둥코가 있을 때는 뜨개조직 안을 보고 뜨개도안을 왼쪽에서 오른쪽으로 따라가며 뜨는 것이 기본이다. 그림은 셋째 단에서 배색실을 바꾸는 뜨개도안.

❄ **사슬코 보는 법** ❄ 사슬코에는 겉과 안이 있다. 안쪽 가운데에 1줄이 나와 있는 부분을 '사슬코 산'이라고 한다.

✻ 실과 바늘 잡는 법 ✻

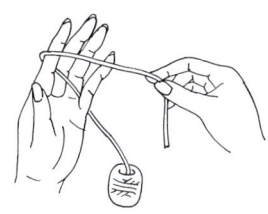 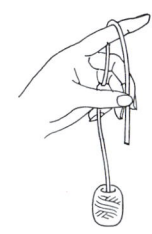 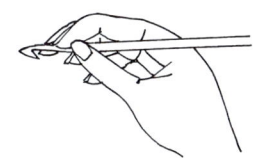

▼1 왼손 새끼손가락과 넷째 손가락 사이에서 실을 앞으로 빼서 집게손가락에 걸고 실 끝을 앞쪽으로 나오게 한다.

▼2 엄지손가락과 가운뎃손가락으로 실 끝을 잡고, 집게손가락을 세워서 실이 팽팽해지도록 한다.

▼3 바늘은 엄지손가락과 집게손가락으로 잡고, 바늘에 가운뎃손가락을 살짝 갖다 댄다.

✻ 첫 코 만드는 법 ✻

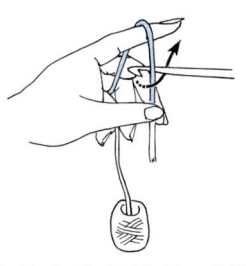 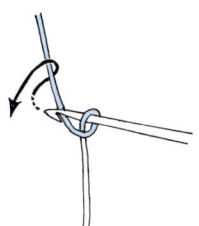 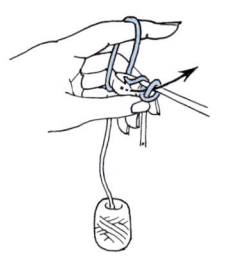 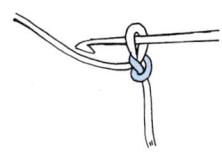

▼1 바늘을 실 뒤쪽에 두고 화살표처럼 바늘 끝을 돌린다.

▼2 바늘에 실을 건다.

▼3 실을 고리 안으로 지나게 하여 앞으로 끌어낸다.

▼4 실 끝을 당겨서 코를 조이면 첫 코 완성(이 코는 1코로 세지 않는다).

BASIC LESSON

❋ 기초코 ❋

중심에서부터 원형으로 뜰 때
(실로 원형코 만들기)

 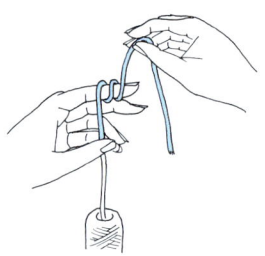 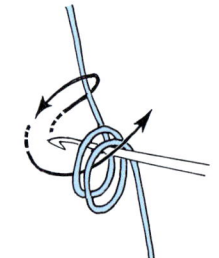 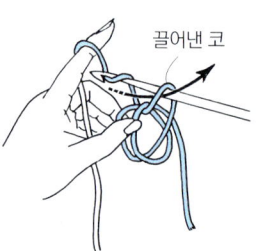 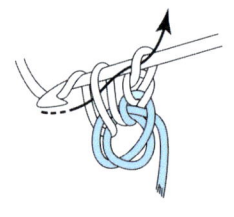

① 왼손 집게손가락에 실을 두 번 감아서 고리를 만든다.

② 고리를 벗겨서 손에 들고, 고리 가운데로 바늘을 넣고 실을 걸어서 앞으로 끌어낸다.

③ 다시 바늘에 실을 걸고 끌어내어 기둥코가 될 사슬 1코를 뜬다.

④ 고리 안으로 바늘을 넣어서 필요한 콧수만큼 짧은뜨기를 한다(첫째 단이 된다).

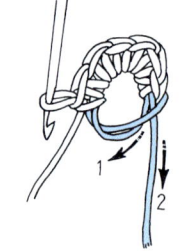 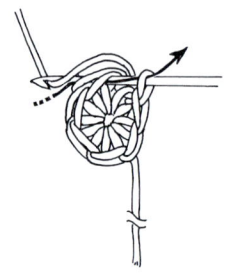

⑤ 일단 바늘을 빼고, 맨 처음 만든 고리의 실과 실 끝을 잡아당겨 고리를 조인다.

⑥ 첫째 단 마지막에서는 첫째 짧은뜨기의 머리에 바늘을 넣고 실을 걸어 빼낸다.

중심에서부터 원형으로 뜰 때
(사슬코로 원형코 만들기)

 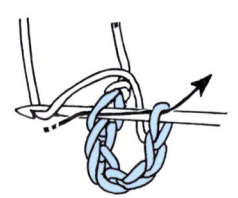 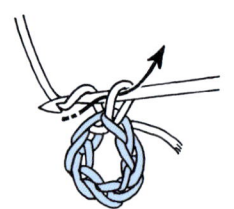 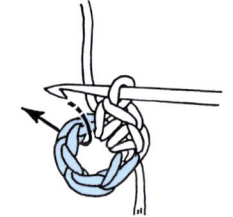 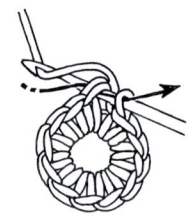

① 필요한 콧수만큼 사슬뜨기를 한 다음, 첫째 사슬의 반코에 바늘을 넣고 실을 걸어 빼낸다.

② 바늘에 실을 걸고 끌어내어 기둥코가 될 사슬 1코를 뜬다.

③ 첫째 단은 사슬코로 만든 원형코 안으로 바늘을 넣고, 필요한 콧수만큼 코 아래에서 주워서 짧은뜨기를 한다.

④ 첫째 단 마지막에서는 첫째 짧은뜨기의 머리에 바늘을 넣고 실을 걸어 빼낸다.

왕복뜨기를 할 때

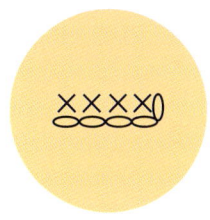

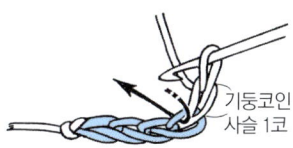

▼1 필요한 콧수의 사슬코와 기둥코가 될 사슬코를 뜨고, 끝에서 둘째 사슬에 바늘을 넣고 실을 걸어 빼낸다.

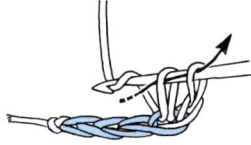

▼2 바늘에 실을 걸고 화살표처럼 실을 빼낸다.

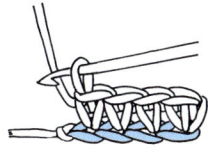

▼3 첫째 단을 뜬 모습(기둥코인 사슬 1코는 1코로 세지 않는다).

※ **앞단에서 코 줍는 법** ※ 같은 구슬뜨기라도 뜨개도안에 따라서 코 줍는 법이 달라진다. 뜨개도안에서 기호 아래가 막혀 있으면 앞단의 1코에서 주워서 뜨고, 기호 아래가 열려 있으면 앞단의 사슬뜨기 코 아래에서 주워서 뜬다.

1코에서 줍기

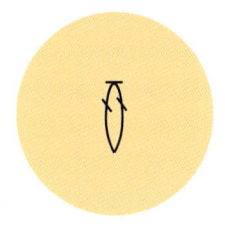

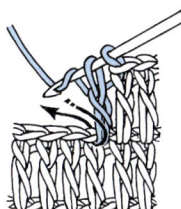
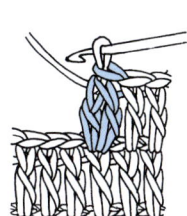

코 아래에서 줍기

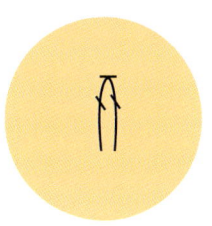

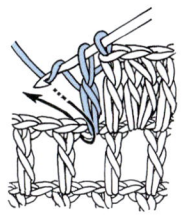
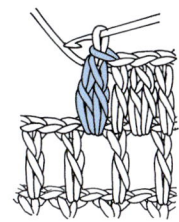

BASIC LESSON

❋ 뜨개코 기호 ❋

사슬뜨기

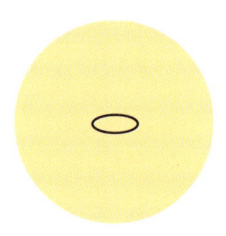 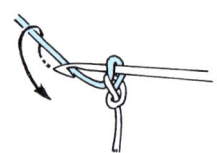 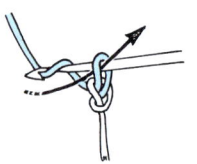 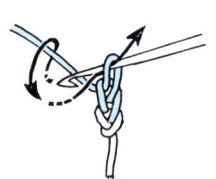 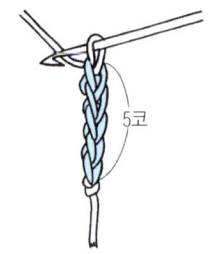

▼1 첫 코를 만들고 바늘에 실을 건다.
▼2 바늘에 걸린 실을 끌어내어 사슬코 완성.
▼3 바늘에 실을 걸어 끌어내는 과정을 되풀이하여 뜬다.
▼4 사슬뜨기 5코 완성.

빼뜨기

 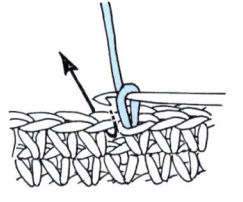 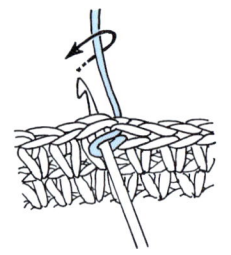 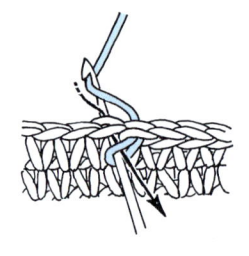 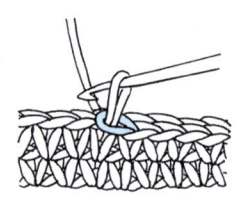

▼1 앞단 코에 바늘을 넣는다.
▼2 바늘에 실을 건다.
▼3 실을 한 번에 빼낸다.
▼4 빼뜨기 1코 완성.

짧은뜨기

 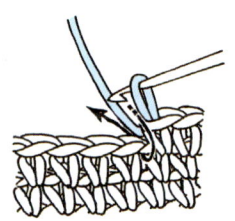 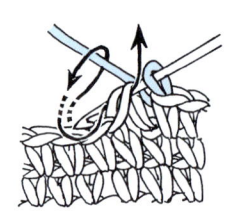 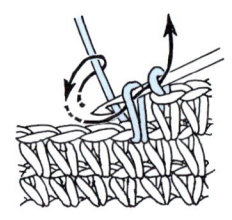 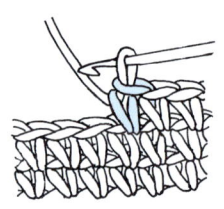

▼1 앞단 코에 바늘을 넣는다.
▼2 바늘에 실을 걸어서 고리를 앞으로 끌어낸다.
▼3 한 번 더 바늘에 실을 걸고 고리 2개 안으로 한 번에 빼낸다.
▼4 짧은뜨기 1코 완성.

긴뜨기

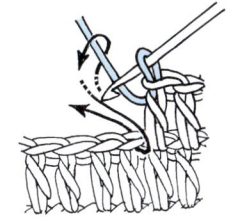
▼ 1 바늘에 실을 걸고, 앞단 코에 바늘을 넣는다.

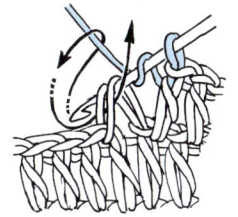
▼ 2 다시 바늘에 실을 걸어서 앞으로 끌어낸다 (이 상태를 미완성 긴뜨기라고 한다).

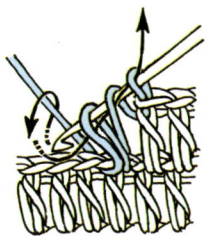
▼ 3 바늘에 실을 걸고 고리 3개 안으로 한 번에 빼낸다.

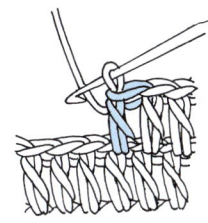
▼ 4 긴뜨기 1코 완성.

한길긴뜨기

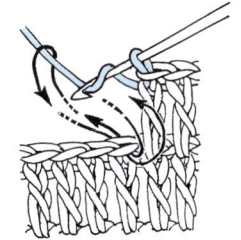
▼ 1 바늘에 실을 걸고, 앞단 코에 바늘을 넣은 후, 다시 실을 걸어서 고리를 앞으로 끌어낸다.

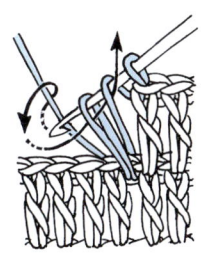
▼ 2 화살표처럼 바늘에 실을 걸고 고리 2개 안으로 빼낸다 (이 상태를 미완성 한길긴뜨기라고 한다).

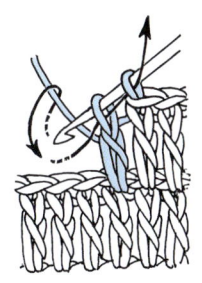
▼ 3 한 번 더 바늘에 실을 건 뒤에 남은 고리 2개 안으로 화살표처럼 빼낸다.

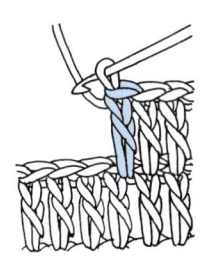
▼ 4 한길긴뜨기 1코 완성.

두길긴뜨기 · 세길긴뜨기 · 네길긴뜨기

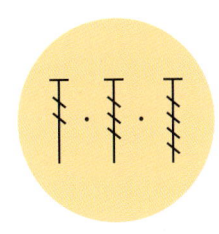

※ ( ) 안은 세길긴뜨기나 네길긴뜨기를 할 때의 횟수

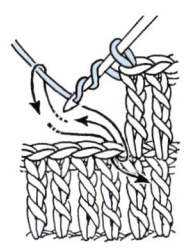
▼ 1 바늘에 실을 두 번(세 번 또는 네 번) 감은 뒤에 앞단 코에 바늘을 넣고, 실을 걸어서 고리를 앞으로 끌어낸다.

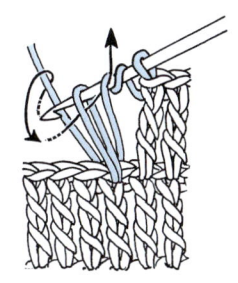
▼ 2 화살표처럼 바늘에 실을 걸고 고리 2개 안으로 빼낸다.

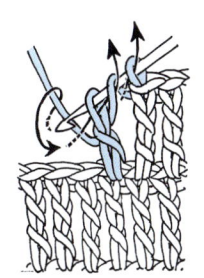
▼ 3 2와 똑같이 두 번(세 번 또는 네 번) 되풀이한다.

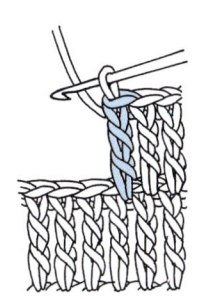
▼ 4 두길긴뜨기 1코 완성.

BASIC LESSON

짧은뜨기 2코 모아뜨기

 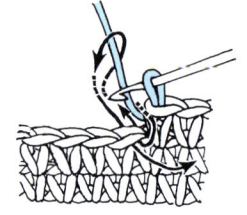 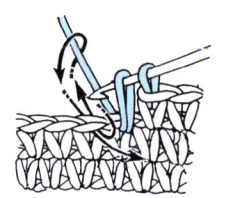 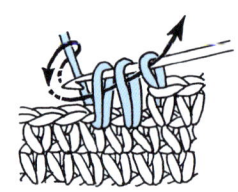 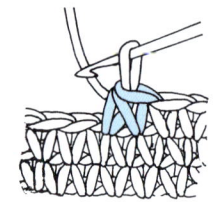

▼1 앞단 코에 바늘을 넣은 후, 실을 걸어서 고리를 끌어낸다.

▼2 다음 코에서도 같은 방법으로 고리를 끌어낸다.

▼3 바늘에 실을 걸고 고리 3개 안으로 한 번에 빼낸다.

▼4 짧은뜨기 2코 모아뜨기 완성. 앞단보다 1코 줄어든 상태.

짧은뜨기 2코 늘려뜨기

 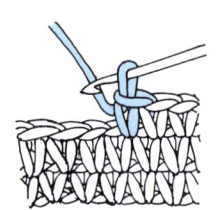 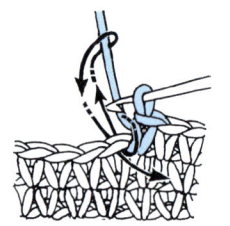 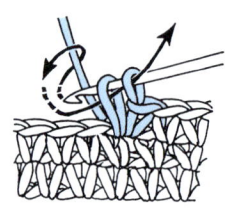 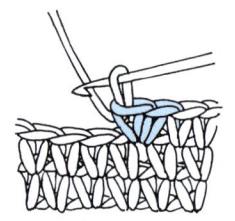

▼1 짧은뜨기를 1코 한다.

▼2 같은 코에 바늘을 넣은 후, 실을 걸어서 고리를 앞으로 끌어낸다.

▼3 바늘에 실을 걸고 고리 2개 안으로 한 번에 빼낸다.

▼4 앞단의 1코에 짧은뜨기를 2코 한 모습. 앞단보다 1코 늘어난 상태.

짧은뜨기 3코 늘려뜨기

 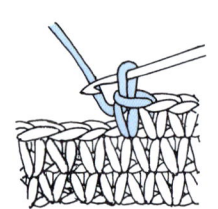  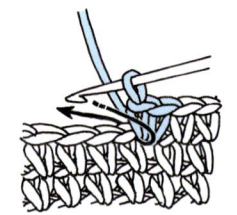 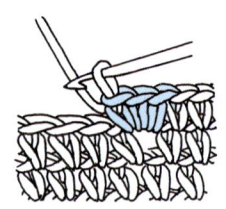

▼1 앞단 코에 짧은뜨기를 1코 한다.

▼2 같은 코에 바늘을 넣은 후, 실을 걸어서 고리를 앞으로 끌어낸다.

▼3 같은 코에 짧은뜨기를 1코 더 한다.

▼4 앞단의 1코에 짧은뜨기를 3코 한 모습. 앞단보다 2코 늘어난 상태.

피코빼뜨기

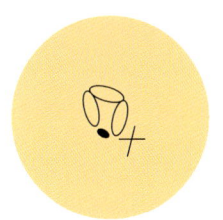 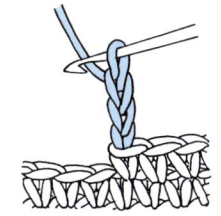 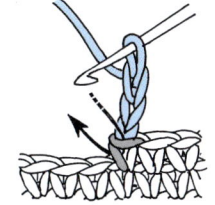 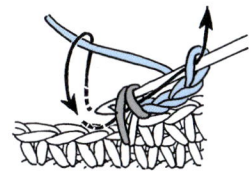 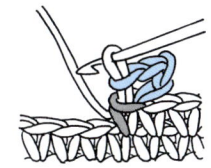

1 사슬 3코를 뜬다.

2 짧은뜨기의 머리 부분 반코와 다리 1가닥에 바늘을 넣는다.

3 바늘에 실을 걸고 화살표처럼 한 번에 빼낸다.

4 피코빼뜨기 완성.

한길긴뜨기 2코 모아뜨기

 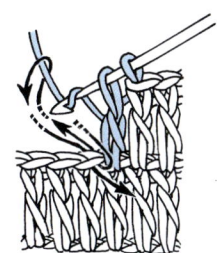 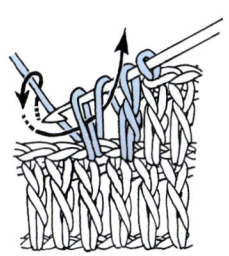 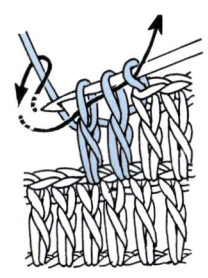 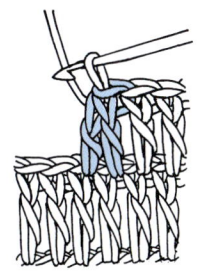

1 앞단 코에 미완성 한 길긴뜨기를 1코 하고, 다음 코에 화살표처럼 바늘을 넣어서 실을 끌어낸다.

2 바늘에 실을 걸고 고리 2개 안으로 빼내서 두 번째 미완성 한길긴뜨기를 만든다.

3 바늘에 실을 걸고 화살표처럼 고리 3개 안으로 한 번에 빼낸다.

4 한길긴뜨기 2코 모아뜨기 완성. 앞단보다 1코 줄어든 상태.

한길긴뜨기 2코 늘려뜨기

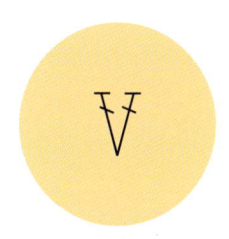 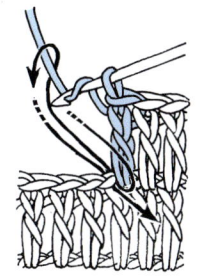 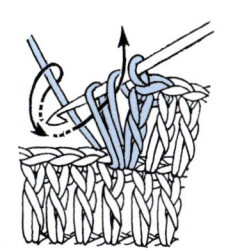 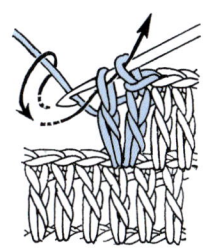 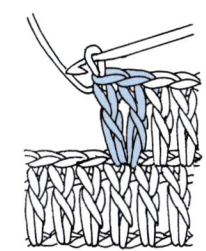

1 한길긴뜨기를 1코 하고, 같은 코에 한 번 더 한길긴뜨기를 한다.

2 바늘에 실을 걸고 고리 2개 안으로 빼낸다.

3 한 번 더 바늘에 실을 건 뒤에 남은 고리 2개 안으로 빼낸다.

4 1코에 한길긴뜨기를 2코 한 모습. 앞단보다 1코 늘어난 상태.

BASIC LESSON

한길긴뜨기 3코 구슬뜨기

 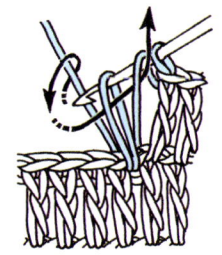 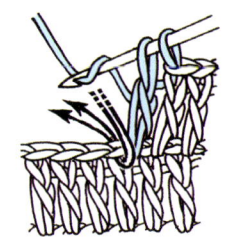 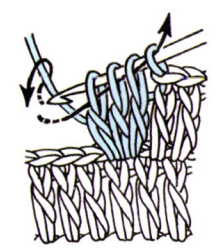 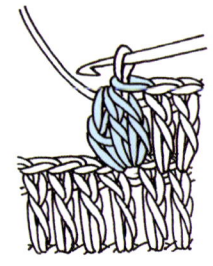

1. 앞단 코에 미완성 한길긴뜨기를 1코 한다.
2. 같은 코에 바늘을 넣어서 미완성 한길긴뜨기를 2코 한다.
3. 바늘에 실을 걸고 바늘에 걸려 있는 고리 4개 안으로 한 번에 빼낸다.
4. 한길긴뜨기 3코 구슬뜨기 완성.

긴뜨기 3코 변형 구슬뜨기 · 긴뜨기 5코 변형 구슬뜨기

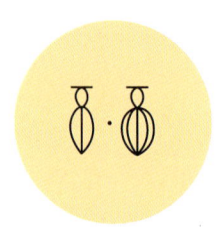 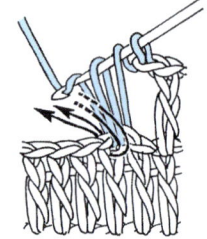 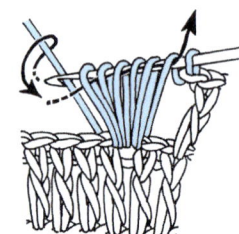 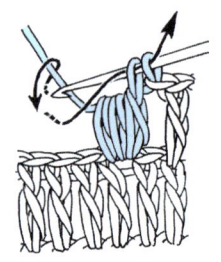 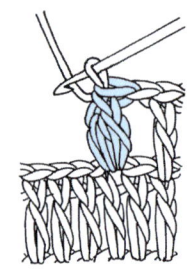

※ ( ) 안은 긴뜨기 5코일 때의 횟수

1. 앞단의 같은 코에 바늘을 넣어서 미완성 긴뜨기를 3코(5코) 한다.
2. 바늘에 실을 걸고 화살표처럼 고리 6개(10개) 안으로 빼낸다.
3. 한 번 더 바늘에 실을 건 뒤에 남은 코 안으로 한 번에 빼낸다.
4. 긴뜨기 3코 변형 구슬뜨기 완성.

한길긴뜨기 5코 팝콘뜨기

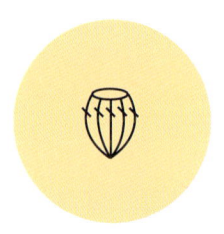 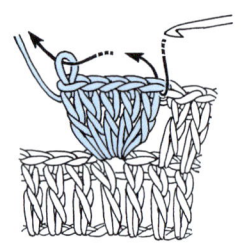 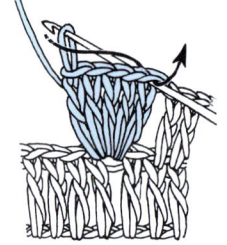 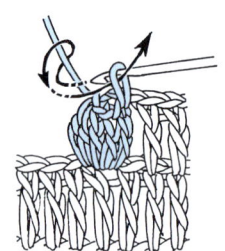 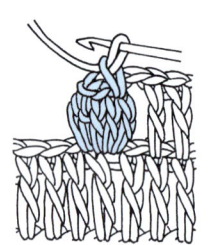

1. 앞단의 같은 코에 한길긴뜨기를 5코 하고, 일단 바늘을 빼서 화살표처럼 고쳐 넣는다.
2. 바늘 끝의 코를 화살표처럼 앞으로 빼낸다.
3. 사슬뜨기를 1코 하여 조인다.
4. 한길긴뜨기 5코 팝콘뜨기 완성.

줄기뜨기 · 한길긴뜨기의 줄기뜨기 · 빼뜨기의 줄기뜨기

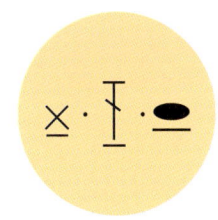

※한길긴뜨기와 빼뜨기의 줄기뜨기는 ★부분을 각각 한길긴뜨기나 빼뜨기로 바꿔서 뜬다. 2에서 빼뜨기의 줄기뜨기는 기둥코를 뜨지 않는다.

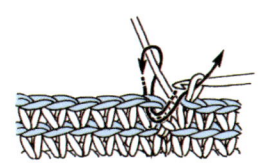

▼1 단마다 뜨개조직 겉면을 보고 뜬다. 한 바퀴 돌아가며 짧은뜨기를 한 뒤에 첫 코에 빼뜬다.

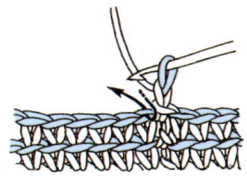

▼2 기둥코로 사슬 1코(한길긴뜨기는 3코)를 뜨고, 앞단의 뒤쪽 반코를 주워서 짧은뜨기(★)를 한다.

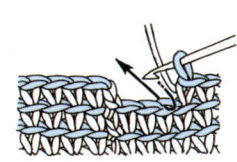

▼3 2의 요령으로 똑같이 되풀이하여 짧은뜨기(★)를 쭉 한다.

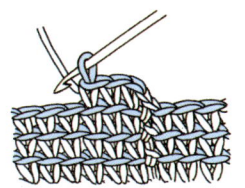

▼4 앞단의 앞쪽 반코가 줄기 모양으로 남는다. 줄기뜨기 셋째 단을 뜰 모습.

이랑뜨기

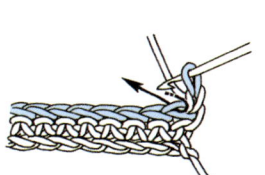

▼1 앞단 코의 뒤쪽 반코에 화살표처럼 바늘을 넣는다.

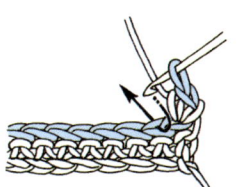

▼2 짧은뜨기를 하고, 다음 코도 같은 방법으로 뒤쪽 반코에 바늘을 넣는다.

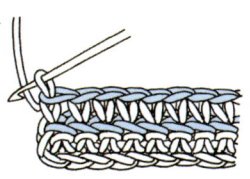

▼3 끝까지 뜨면 뜨개조직 방향을 바꾼다.

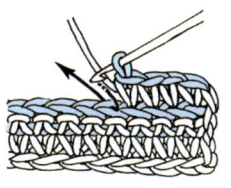

▼4 1, 2와 같은 방법으로 뒤쪽 반코에 바늘을 넣어서 짧은뜨기를 한다.

BASIC LESSON

되돌아 짧은뜨기

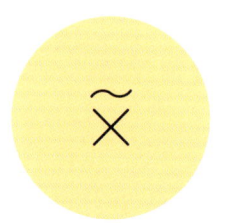

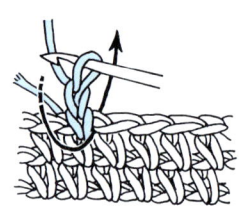

▼1 기둥코로 사슬 1코를 뜨고, 화살표처럼 앞쪽에서 바늘을 넣는다.

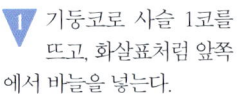

▼2 실을 걸고 화살표처럼 끌어낸다.

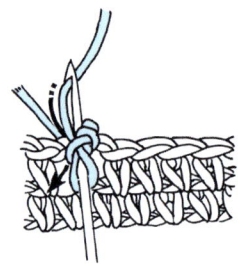

▼3 한 번 더 바늘에 실을 걸고 고리 2개 안으로 한 번에 빼낸다.

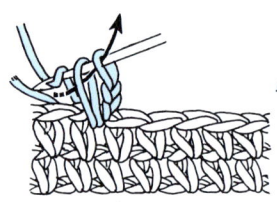

▼4 다음 코에 화살표처럼 앞쪽에서 바늘을 넣는다.

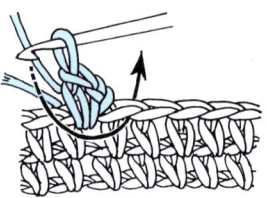

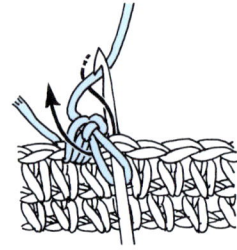

▼5 실을 걸고 화살표처럼 끌어낸다.

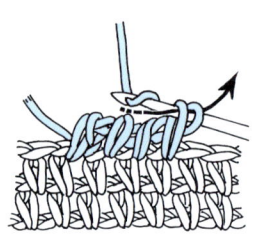

▼6 다시 실을 걸고 고리 2개 안으로 한 번에 빼낸다. 이 과정을 되풀이해서 되돌아 짧은뜨기를 한다.

짧은뜨기 뒤걸어뜨기

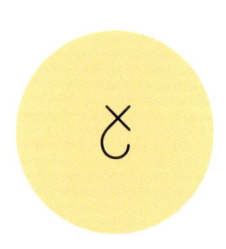

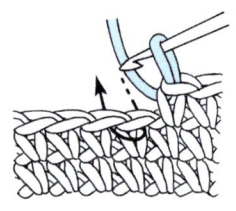

▼1 앞단의 짧은뜨기 다리에 화살표처럼 뒤쪽에서 바늘을 넣는다.

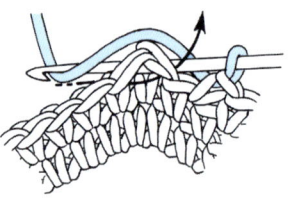

▼2 바늘에 실을 걸어서 화살표처럼 뜨개조직 뒤쪽으로 끌어낸다.

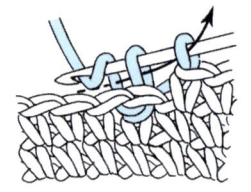

▼3 짧은뜨기보다 조금 길게 실을 끌어낸 뒤에 한 번 더 바늘에 실을 걸고 고리 2개 안으로 한 번에 빼낸다.

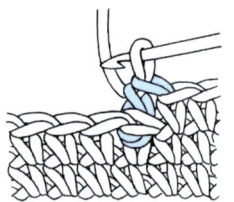

▼4 짧은뜨기 뒤걸어뜨기 1코 완성.

한길긴뜨기 앞걸어뜨기

 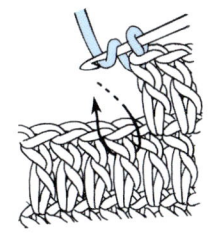 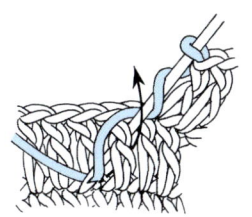 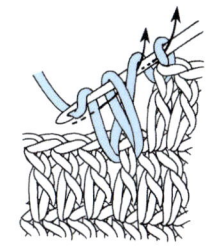 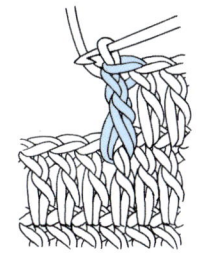

1. 바늘에 실을 걸고 앞단의 한길긴뜨기 다리에 화살표처럼 앞쪽에서 바늘을 넣는다.
2. 바늘에 실을 걸어서 조금 길게 실을 끌어낸다.
3. 한 번 더 바늘에 실을 걸고 고리 2개 안으로 빼낸다. 같은 과정을 한 번 더 되풀이한다.
4. 한길긴뜨기 앞걸어뜨기 1코 완성.

✽ 스레드 끈 뜨는 법 ✽

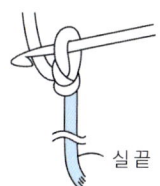 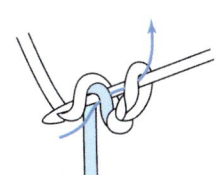 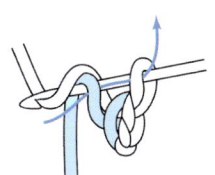 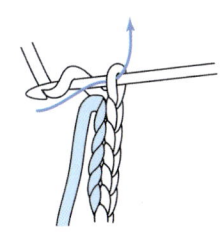

1. 실 끝에서부터 완성 치수의 약 3배를 남겨 두고 첫 코를 만든다(p.7 참조).
2. 남긴 실 끝을 앞쪽에서부터 뒤쪽으로 걸고, 다른 한쪽의 뜨개실을 바늘에 걸어 빼낸다.
3. 2를 되풀이하여 필요한 콧수만큼 뜬다.
4. 마칠 때에는 실 끝을 걸지 않고 뜨개실만 걸어서 끌어낸다.

POINT LESSON

2 감는 장미 만드는 법 Photo • p.28 / How to Knit • p.68

1 기초코로 사슬 13코를 잡고, 사슬코의 위쪽 반코와 사슬코 산을 주워서 첫째 꽃잎을 뜬다.

2 뜨개도안에 따라 꽃잎을 8장 뜨고 실을 20㎝ 남기고 자른다.

3 중심 쪽이 될 첫째 꽃잎을 단단히 감는다.

4 셋째 꽃잎까지 단단하게 감는다.

5 다섯 째~여덟 째 꽃잎까지는 조금 느슨하게 감으면서 전체 모양을 만들고, 시침핀 등으로 임시 고정한다.

6 뒤집은 후, 뜨기를 끝낼 때 남겨 둔 실을 돗바늘에 꿰어 밑동에 바늘을 통과시킨다.

7 6과 방향을 달리하여 돗바늘을 통과시킨다. 6, 7을 한 번 더 되풀이 한다.

8 실은 밑동 가운데로 빼서 자른다.

8 잎 뜨는 법 Photo • p.35 / How to Knit • p.76

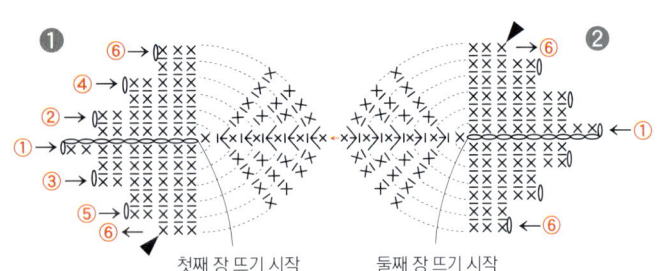

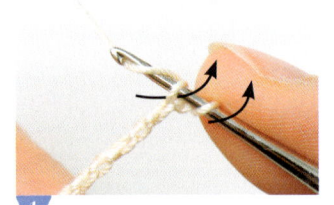

1 기초코로 사슬 9코를 잡고 사슬 1코로 기둥코를 세운다. 첫째 단은 기초코의 사슬코 산(p.6 참조)에 바늘을 넣어서 짧은뜨기를 한다.

2 기초코 9코에는 사슬코 산에 1코씩 짧은뜨기를 한다.

★알아보기 쉽도록 실의 굵기와 색 등을 바꾸어서 사진으로 과정을 설명했습니다

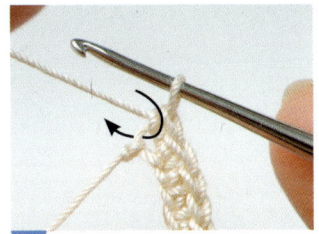

▼3 기초코의 첫째 코에는 짧은뜨기를 2코 더 해 준다(합계 3코).

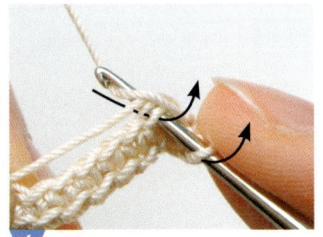

▼4 뜨는 반대쪽에는 기초코의 사슬 모양 2가닥을 주워서 짧은뜨기를 1코씩 해 준다.

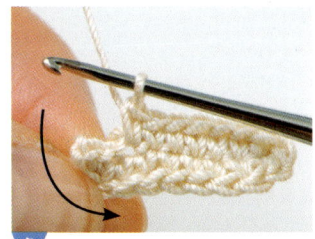

▼5 기초코의 사슬 2코 앞까지 뜨고, 왼쪽 끝이 앞으로 오도록 돌려서 뜨개조직을 바꿔 쥔다.

▼6 [이랑뜨기] ✕
둘째 단은 사슬 1코로 기둥코를 세우고, 앞단 짧은뜨기의 뒤쪽 반코를 주워서 이랑뜨기(p.15 참조)를 한다.

▼7 6과 같은 요령으로 1코에 이랑뜨기를 1코씩 한다.

▼8 [이랑뜨기 3코 늘려뜨기] ✕
3에서 코를 늘린 중심코의 뒤쪽 반코에 화살표처럼 바늘을 넣어서 짧은뜨기를 3코 한다.

▼9 짧은뜨기를 3코 한 모습.

▼10 둘째 단을 마칠 때는 끝의 2코 앞까지 뜨고 뜨개조직 왼쪽 끝이 앞으로 오도록 돌려서 바꿔 쥔다.

▼11 단마다 바꿔 쥐면서 5~10의 요령으로 6단까지 뜨고, 마지막 코에 실을 통과시켜 코막음을 한다.

▼12 둘째 장은 볼록한 부분의 중심까지 뜨고 나서 바늘에서 코를 빼고, 첫째 장 볼록한 부분의 중심코에 바늘을 넣은 뒤에 아까 뺀 코에 다시 바늘을 넣는다.

▼13 바늘 끝의 코를 빼내서 코를 통과시킨 모습.

▼14 둘째 장의 여섯째 단 나머지를 떠서 완성한다. 사진은 잎 2장을 뜨면서 이은 모습.

POINT LESSON

열매 뜨는 법

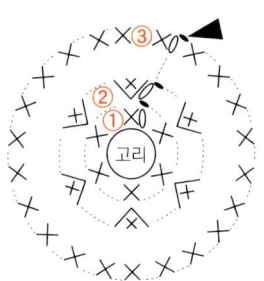

1. 실로 원형코를 만든다. 첫째 단은 기둥코인 사슬 1코와 짧은뜨기 6코를 뜨고, 실 끝을 살짝 당겨서 중심의 고리를 느슨하게 조인다.

2. 첫째 단을 마칠 때는 시작한 코에 빼뜬다. 둘째 단은 뜨개도안을 참조하여 앞단 1코에 짧은뜨기를 2코씩 한다. 사진은 둘째 단을 마친 모습.

3. 셋째 단은 사슬 1코로 기둥코를 세우고, 중심 고리(공간)에 바늘을 넣어서 짧은뜨기를 한다.

4. 첫째, 둘째 단을 감싸서 뜨며 짧은뜨기를 1코 한 모습.

5. 이 단은 언제나 중심에 바늘을 넣어서 첫째, 둘째 단을 짧은뜨기 22코로 감싸며 뜬다. 끝낼 때는 실을 15cm 남기고 자른다.

6. 셋째 단을 마칠 때는 코를 늘려서 실을 빼내어 바늘에 꿴다. 둘째 코(→ 표시)에 바늘을 뒤쪽으로 빼내고, 원래 코의 중심으로 돌아가서 코를 만든다.

7. 사진은 뒷면으로 이쪽이 앞이 된다. 끝낼 때 남긴 실은 반대쪽(앞면)으로 뺀다.

8. 뒷면의 실은 계속하여 셋째 단의 다리 위쪽을 3~4코씩 주우면서 한 바퀴 돈 뒤, 실을 살짝 당겨서 조이며 원형의 둘레를 앞으로 당겨서 모양을 만든다.

9. 앞에 남아 있는 시작 실은 뒷면으로 빼내어 뜨개코에 통과시켜 정리한다. 8에서 한 바퀴 돈 실도 같은 요령으로 정리한다.

10. 둘째 장은 1~8을 참조하여 원형으로 뜨고, 끝낼 때 남긴 실로 첫째 장과 잇는다. 2장 모두 뒷면을 보고 사슬 모양의 2가닥을 주우며 두 번 왕복한다.

11. 실 끝은 9와 같은 요령으로 뜨개코에 통과시켜 정리한다. 사진은 열매를 2장 이은 모습.

12. 셋째 장 이후도 인접한 열매와 잇는데, 실이 없는 곳은 새로 실을 이어서 뒷면에서 사슬 모양 2가닥을 주우며 두 번 왕복한다.

13. 원형 열매는 1무늬에서 7장을 잇는다. 사진은 1무늬를 완성한 모습.

9 10 감는 장미 만드는 법 Photo • p.37 / How to Knit • p.78

1. 모티브(바깥쪽 꽃잎)를 3단까지 뜬다.

2. 안쪽 꽃잎을 뜨기 시작할 자리까지 빼뜨기를 한다.

3. 바늘에 실을 걸고 기초코로 사슬 20코를 잡아서 안쪽 꽃잎을 뜨기 시작한다.

4. 뜨개도안대로 안쪽 꽃잎을 뜨고, 뜨기를 끝낼 때 실을 20cm 남기고 자른다.

5. 안쪽 꽃잎을 중심 쪽에서부터 감아서 모양을 만들고, 뜨기를 끝낼 때 남겨 둔 실로 밑동을 꿰맨다.

6. 감는 장미 완성.

11 꽃a 뜨는 법 Photo • p.39 / How to Knit • p.80

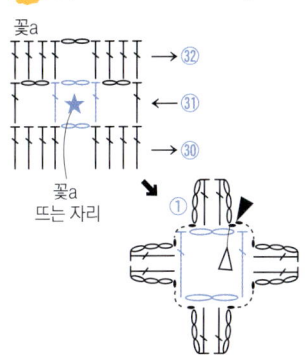

1. 모눈 한 칸의 사방(← 표시)에 꽃a를 떠 준다. 사슬뜨기에 실을 이어서 기둥코로 사슬 3코를 뜬다.

2. 화살표처럼 코 아래에서 주워서 한길긴뜨기를 2코 한다.

3. 사슬 3코를 뜨고, 한길긴뜨기와 마찬가지로 코 아래에서 주워서 빼뜬다. 첫째 꽃잎을 뜬 모습.

4. 뜨개도안을 참조하여 남은 꽃잎 3장을 뜬다. 꽃a 완성.

POINT LESSON

꽃b 뜨는 법

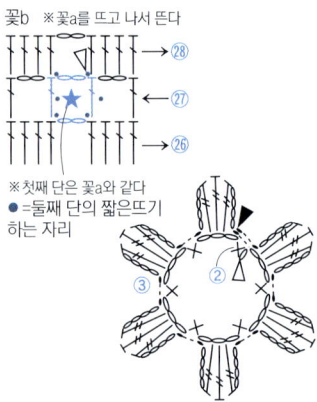

1 첫째 단은 꽃a와 똑같이 뜬다. 둘째 단은 뜨개도안의 ●표시에서 주워서 짧은뜨기를 하고 사슬 3코를 뜬다. 한 바퀴 돌아가며 이 과정을 여섯 번 되풀이한다.

2 셋째 단은 둘째 단 사슬뜨기 아래에서 주워서「빼뜨기 1코, 사슬 4코, 두길긴뜨기 3코, 사슬 4코, 빼뜨기 1코」를 되풀이하여 뜬다. 꽃b 완성.

21 22 무늬뜨기 하는 법 Photo • p.48 / How to Knit • p.94

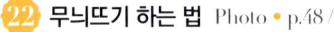

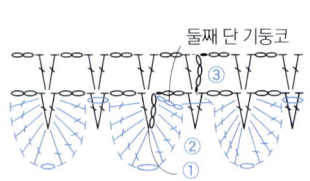

1 바닥에서 코를 주워서 무늬뜨기 첫째 단을 뜬다.

2 사슬 3코로 기둥코를 세우고, 화살표를 따라서 첫째 단 기둥코인 사슬 3코(둘째 무늬부터는 한길긴뜨기 다리) 아래에서 주워서(오른쪽 위 사진) 한길긴뜨기 4코, 사슬 1코를 뜬다.

3 화살표를 따라서 한길긴뜨기 다리 아래에서 주워서 한길긴뜨기 5코, 사슬 1코를 뜬다.

4 2, 3을 되풀이하여 뜬다.

5 뜨기를 끝낼 때는 둘째 단 기둥코의 셋째 사슬에 긴뜨기를 한다.

6 셋째 단을 뜨기 시작할 때는 첫째 단의 한길긴뜨기 사이(5의 ● 표시)에 빼뜨서 고정한다.

7 사슬 3코로 기둥코를 세우고, 한길긴뜨기 사이의 코 아래에서 주워서 한길긴뜨기를 1코 한다.

▼8 「사슬 2코, 비늘무늬 중심(첫째 단 한길긴뜨기의 사이)의 코 아래에서 주워서 한길긴뜨기 2코, 사슬 2코, 비늘무늬 사이에서는 첫째 단과 둘째 단 아래에서 한꺼번에 코를 주워서 한길긴뜨기 2코」를 되풀이하며 한 바퀴 돈다.

▼9 셋째 단을 끝낼 때는 기둥코의 셋째 사슬에 빼뜬다.

▼10 넷째 단 이후는 둘째, 셋째 단을 되풀이하며 뜬다.

▼11 여섯째 단을 뜬 모습.

23 딸기 만드는 법 Photo • p.50 / How to Knit • p.98

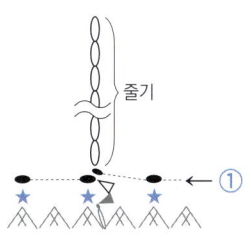

▼1 꼭지와 열매를 뜨고, 열매에는 구름솜을 채워 둔다.

▼2 열매 마지막 단에 줄기의 실을 잇고(오른쪽 위 사진), 마지막 단의 ★표시에 1코씩 빼뜨기를 한다.

▼3 빼뜨기의 뜨기 끝에서 계속하여 줄기의 사슬코를 정해진 콧수만큼 뜨고, 마무리용으로 실을 10cm 남기고 자른다.

▼4 열매의 뜨기 끝과 줄기의 뜨기 시작 실은 돗바늘에 꿰어 열매에 통과시켜서 자른다.

▼5 줄기에 꼭지를 끼우고, 꼭지의 뜨기 시작 실을 조여서 모양을 만든다.

▼6 꼭지의 실은 밑동에 통과시켜서 자른다.

▼7 완성한 모습.

POINT LESSON

24 열매 만드는 법 Photo • p.53 / How to Knit • p.100

1 기초코인 원형코에 바늘을 넣어 첫째 단을 감싸서 뜨며, 둘째 단을 다 뜨면 실을 약 15cm 남기고 잘라서 코에서 빼낸다.

2 실 끝을 돗바늘에 꿰어서 뜨기 시작 코의 머리에 넣고, 화살표처럼 뜨기 끝의 코 안으로 통과시킨다. 오른쪽 위 사진은 사슬코 모양으로 이은 모습.

3 뜨기 시작의 실을 잡아당겨서 중심을 조이고, 돗바늘로 앞면의 뜨개코에 통과시킨 뒤에 실을 바짝 자른다. 같은 방법으로 뜨기 끝의 실도 정리한다(단추는 뜨기 끝의 실을 남겨 둔다).

4 뜨개조직을 뒤집어서 손가락으로 누르며 둥근 모양으로 만들어 열매를 완성한다.

단추 만드는 법

1 처음에는 열매 만드는 법 1~4를 참조하여 만들고, 뜨기 끝의 실을 돗바늘에 꿰어서 뜨개코 머리의 바깥쪽 반코를 감친다.

2 한 바퀴 돌아가며 감친 뒤에 실을 당겨서 조인다. 오른쪽 위 사진은 조인 모습. 이 실로 몸판에 단추를 단다.

가름실 만드는 법

1 실을 30cm 전후로 잘라서 실 끝의 꼬임을 조금 풀고, 사진처럼 실 끝에 돗바늘을 찔러서 반으로 나눈다. 오른쪽 위 사진은 반으로 나눈 모습.

2 실이 갈라지기 시작하는 부분(1의 ★)을 왼손 엄지손가락과 집게손가락으로 누르고, 반으로 나눈 실의 한쪽을 빼낸다. 이 방법으로 가르면 실이 꼬이지 않아서 쓰기 편하다.

25 모티브 잇는 법(빼뜨기로 잇기) Photo • p.54 / How to Knit • p.102

1 빼뜨기할 자리까지 뜨고 난 뒤에 인접하는 꽃 모티브의 사슬코 아래에서 화살표처럼 주워서 빼뜨기를 한다.

2 계속하여 사슬 1코를 뜬다. 빼뜨기로 이어졌다.

3 뜨개도안을 참조하여 정해진 자리에서 같은 요령으로 잇는다.

33 미니 리스의 꽃철사를 감싸며 뜨는 법 Photo • p.62 / How to Knit • p.109

▼1 먼저 원 안쪽 부분의 잎을 브레이드 모양으로 뜬다. 꽃철사를 지름 6cm가 되도록 둥글게 구부리고 양 끝을 꼬아서 연결한다.

▼2 브레이드의 사슬코 위쪽 반코와 사슬코 산을 줍고 꽃철사도 함께 감싸서 뜨며 짧은뜨기를 한다.

▼3 짧은뜨기를 하면서 도중에 잎을 뜨며 한 바퀴 돈다.

▼4 한 바퀴 돈 뒤에 빼뜨기서 원 모양으로 만든다.

❦ BASIC LESSON

감침질로 잇는 법(코 전체를 주워서 이을 때)
※만드는 법 페이지에 안쪽 반코나 바깥쪽 반코 등의 지시가 없을 때는 코 전체를 주워서 잇는다. 새로 다른 실을 이어서 잇는 경우.

▼1 뜨개조직을 이을 실을 돗바늘에 꿰어 뜨개조직 안쪽에 통과시키고, 실을 빼낸 코에서 조금 떨어진 코로 넣어서 되돌아간다.

▼2 뜨개조직 겉을 보며 끝코로 바늘을 뺀다.

▼3 뜨개조직을 안끼리 맞대어 쥐고, 마지막 단의 뜨개코 머리 전체를 주워서 돗바늘을 통과시킨다. 같은 코에 한 번 더 돗바늘을 통과시켜 끝코에는 실이 두 번 지나도록 한다(오른쪽 위 사진).

▼4 둘째 코부터는 1코씩 실을 한 번 통과시켜서 잇는다. 잇기를 마칠 때는 잇기 시작할 때와 마찬가지로 실을 두 번 통과시킨다(오른쪽 위 사진).

(안쪽 반코를 주워서 이을 때)

맞댄 뜨개조직의 마지막 단 뜨개코 머리의 안쪽 반코끼리 돗바늘로 주워서 잇는다.

뜨개방울 만드는 법

▼1 같은 색 실과 구름솜을 채워서 모양을 다듬는다. 마지막 단까지 뜨지 말고 마지막 단의 1~2단 전에서 채우면 쉽다.

▼2 뜨기를 끝낼 때 실을 조금 길게 남기고 잘라서 돗바늘에 꿴다. 화살표를 참조하여 마지막 단 뜨개코 머리의 바깥쪽 반코를 1코씩 줍는다.

▼3 실을 당겨서 조인다. 남은 실은 조인 구멍으로 바늘을 넣어서 뜨개방울에 통과시키고 자른다.

PART 1
레이스 인테리어 소품

화초 모티브를 입체적으로 뜨는 아이리시 크로셰 레이스와 규칙적인 공간이 아름다운 모눈뜨기.
화사하면서도 깨끗한 느낌의 흰색과 아이보리 실로 뜬 레이스 인테리어 소품으로 생활에 멋을 더해 보세요.

선반 레이스

들장미 사이에 잎사귀가 늘어진 디자인이
무척 우아해 보이는 선반 레이스예요.
1코 1코 뜨개코가 겹치며
아이리시 특유의 뜨개조직 요철이 생겨난답니다.

↳ Design & Knitting … 다케다 아쓰코

How to Knit • p.66

잎사귀 모티브를 필요한 장수만큼 떠서 이었어요.
가장자리 부근에는 많은 피코를 떠서 섬세하게 연출했지요.

카페 커튼

손님을 맞는 문에는 귀여운 두 가지 색 장미를 단
카페 커튼을 장식해 보세요.
아이보리로 뜬 모눈뜨기 격자무늬에 컬러풀한 모티브가 돋보여요.

Design & Knitting ⋯ 오카 마리코

How to Knit • p.68
Point Lesson • p.18

이파리처럼 하늘하늘 흔들리는
가장자리뜨기가 신선하지요.

3

러그 매트 *How to Knit* p.70

모눈뜨기를 중심으로 한 섬세한 뜨개조직에
색이 다른 작은 꽃을 여기저기 달았어요.
현관 앞이나 책상 주위에 깔면 멋지겠지요!.

 Design … 기타오 에이코
 Knitting … 사이토 게이코

바구니 가리개용으로도 더할 나위 없이 좋아요.

4

꽃 도일리 How to Knit ● p.72

한가운데와 둘레에 아이리시 플라워를 배치한 20cm 도일리.
액자에 넣어 장식하거나 꽃병받침 등으로 놓기에 알맞아요.

✎ **Design** … 히로세 미쓰하루
✎ **Knitting** … 후지사와 세쓰코

볼록한 꽃술이 귀엽죠.
피코를 넣은 레이스 바탕과 입체적인 모티브가 서로 잘 어울려요.

How to Knit • p.73

2way 티슈 커버

일자로 뜬 뜨개조직 양 끝에 끈을 끼워서
묶어 주면 티슈 커버가 된답니다.
티슈 구멍 둘레에 아이리시 모티브를 장식했어요.

⁂ **Design & Knitting** … 가마타 에이코

양 끝의 끈을 펴면 다용도 커버가 되니까
2way로 이용할 수 있어요.
거울에 살짝 걸쳐 두면 먼지를 막아 주지요.

 How to Knit • p.67

아이리시 도일리

부드러운 빛에 녹아드는 아이보리 실로
1코 1코 꼼꼼하게 뜬 모티브는 무척 고급스럽죠.
액자에 장식하고 싶을 만큼 섬세한 도일리는
꽃병 아래 깔거나 물병 커버로도 쓸 수 있어요.

⚘ **Design** … 히로세 미쓰하루
⚘ **Knitting** … 후지사와 세쓰코

꽃무늬가 한가운데에 또렷하게 보이죠. 잎처럼 보이기도 하고요.
동그란 세 겹 꽃은 나중에 몸판에 달아 줍니다.

7 How to Knit p.74

카페 커튼

모눈뜨기 카페 커튼은 방에 부드러운 빛을 들어오게 해 주지요.
큼직한 꽃이 인상적인 복고풍 디자인이
주방에 장식해도 멋지게 어울려요.

Design & Knitting … 이마무라 요코

8

아이리시 리본

아이리시 크로셰 모티브를 여러 개 사용한
사랑스러운 리본을 커튼 띠로 이용해 보세요.
섬세하면서도 존재감이 있어서 방의 한 부분에만 사용해도
분위기가 화려해진답니다.

Design & Knitting ··· 가와이 마유미

How to Knit • p.76
Point Lesson • p.18

격자와 꽃무늬, 아랫단의 지그재그······.
다양한 뜨개 방법을 조합했기 때문에 뜰 때도 재미있어요.

포도 모티브의 봉긋한 열매가 귀엽지요.
열매 모티브는 뒷면을 앞으로 이용하여
입체적으로 마무리했어요.

PART 2

주방 잡화

청초한 분위기의 아이보리 레이스와 낭만적인 장미 모티브는
어수선해지기 쉬운 주방에 온기를 불어넣어 주지요.
티타임에 필요한 소품을 세트로 만들어서 우아한 시간을 즐겨 보세요.

테이블센터 & 티 코스터

모눈뜨기로 뜬 아름다운 장미꽃에
저도 모르게 빠져드는 낭만적인 티타임 세트.
특별한 기분으로 애프터눈 티를 즐길 수 있어요.

Design & Knitting … 가와이 마유미

가장자리를 두른 빨간 선이 전체를 정돈해 줍니다.
사방에 핀 장미와 잎의 색상이 복고풍이라 예쁘지요.

테이블센터
How to Knit • p.78
Point Lesson • p.21

테이블센터 귀퉁이에는 두 송이의 장미를 피워서 화려하게 장식했어요.
세트인 티 코스터에도 같은 장미꽃을 한 송이 곁들였고요.

티 코스터
How to Knit • p.77
Point Lesson • p.21

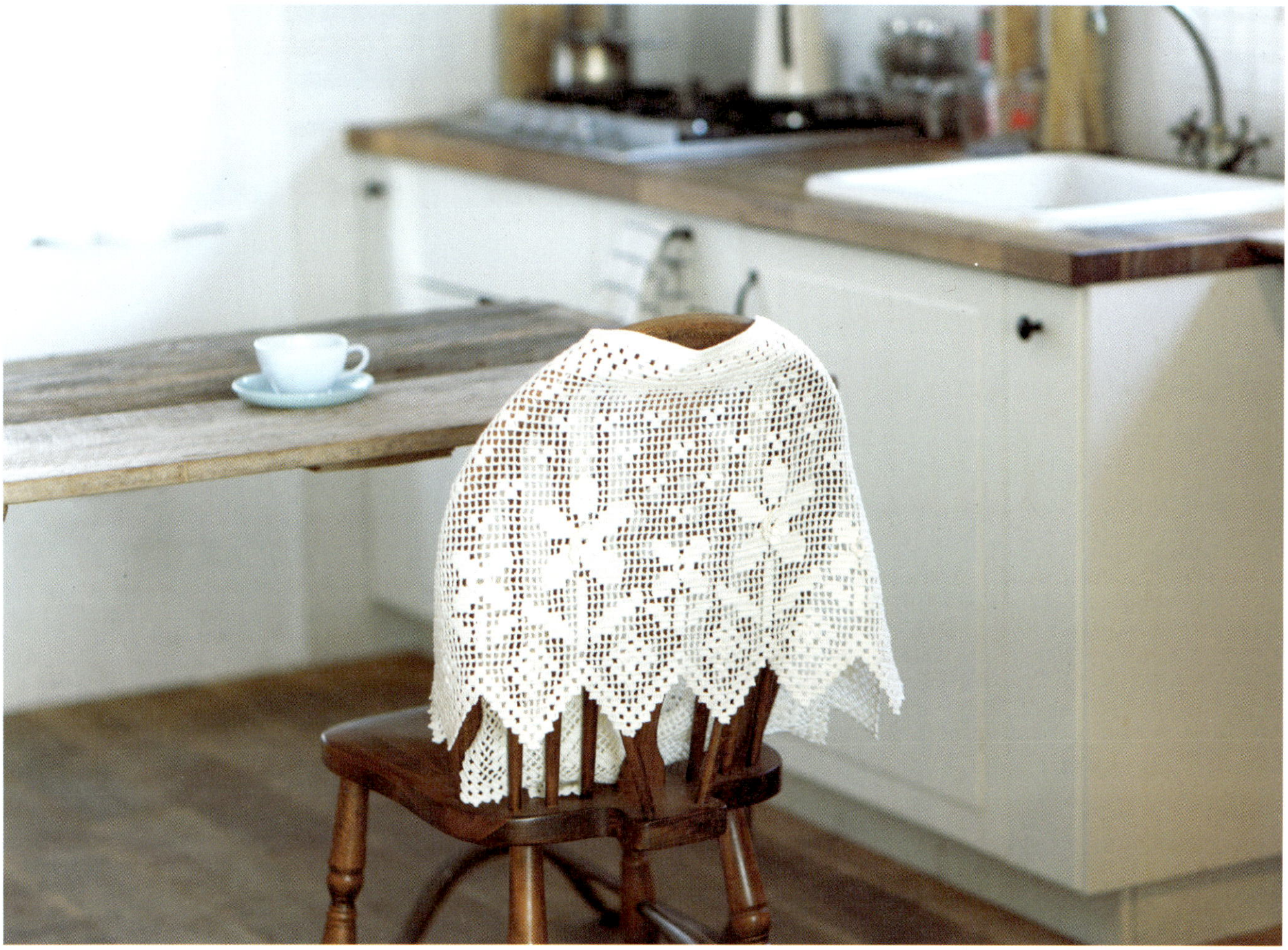

카페 커튼

카페 커튼에 모눈무늬 꽃이 늘어섰어요.
아랫단에도 살짝 장난기를 더해 봤지요.
한 가지 무늬를 되풀이하는 작품이니 각자의 창문 크기에 맞춰서 뜨기 수월해요.
폭이 넓어서 스톨로 사용해도 멋지답니다.

Design & Knitting … 가와이 마유미

모눈 꽃무늬 한가운데에는 꽃 모티브를 달았어요.
꽃술은 바탕의 모눈 1개에서 뜨기 시작하여 입체적으로 마무리합니다.

12 13 14

티 코스터 & 티 코지

식탁을 물들이는 조그마한 장미.
화려한 티 세트로 손님을 대접하면 분명 즐거운 시간을 보낼 수 있을 거예요.
우아한 티타임을 즐기세요.

Design & Knitting … 가와이 마유미

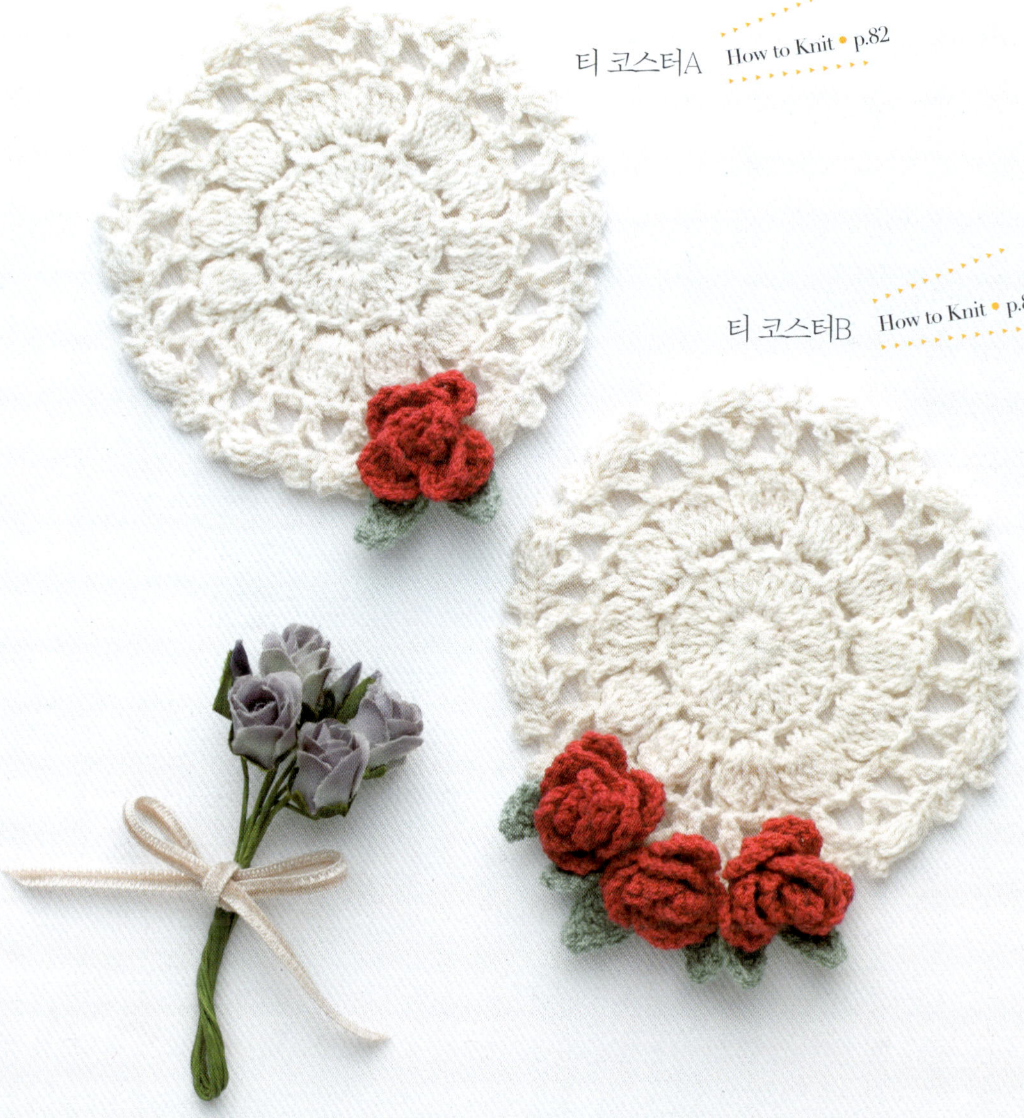

티 코스터A How to Knit • p.82

티 코스터B How to Knit • p.82

티 코지 How to Knit • p.83

다용도 커버

분홍색 다용도 커버만 있으면 평범한 식탁도 한층 화사해진답니다.
장미 모티브가 악센트가 되어서 바구니 덮개로 써도 멋지지요.

Design & Knitting … 세리자와 게이코

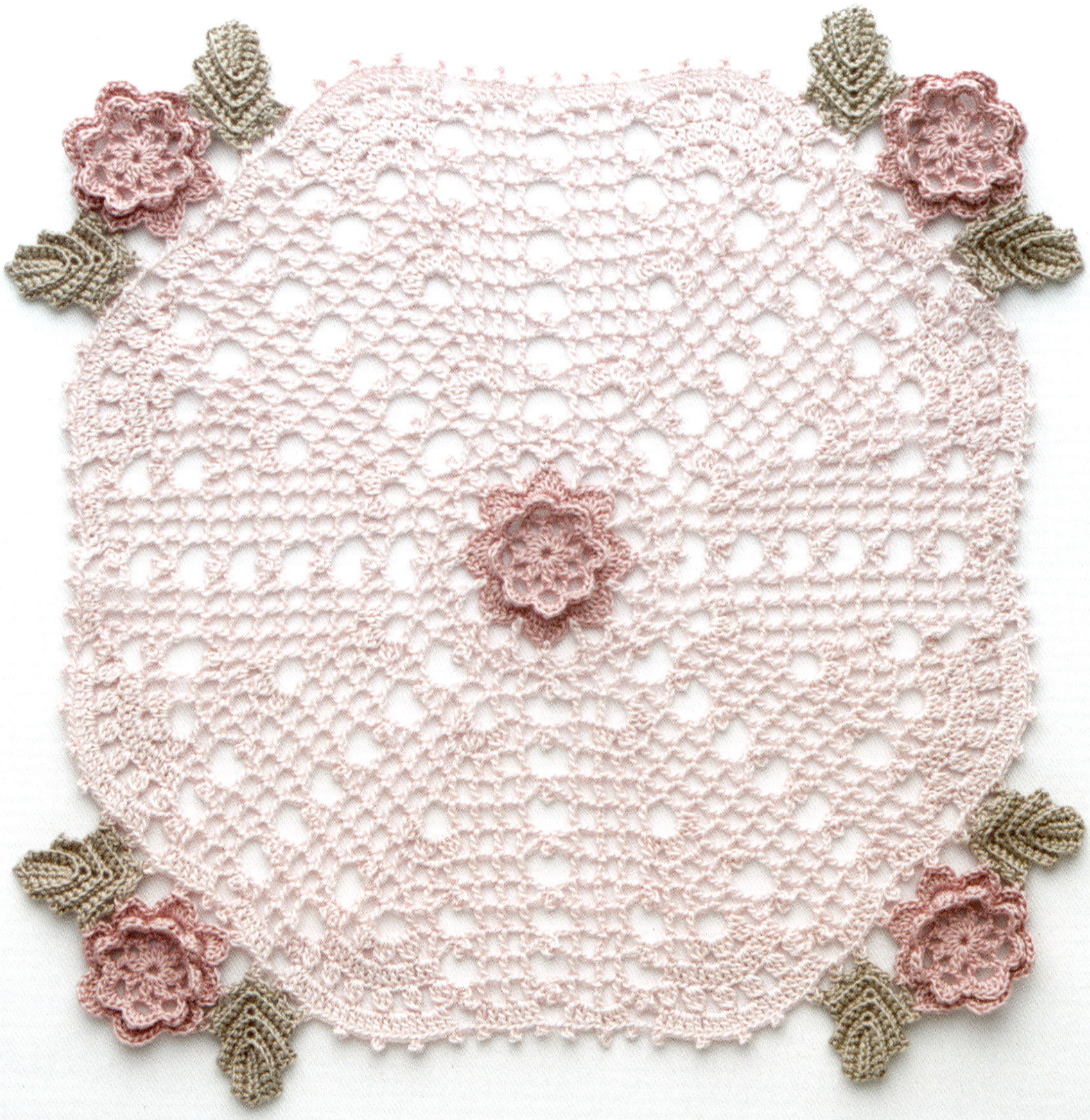

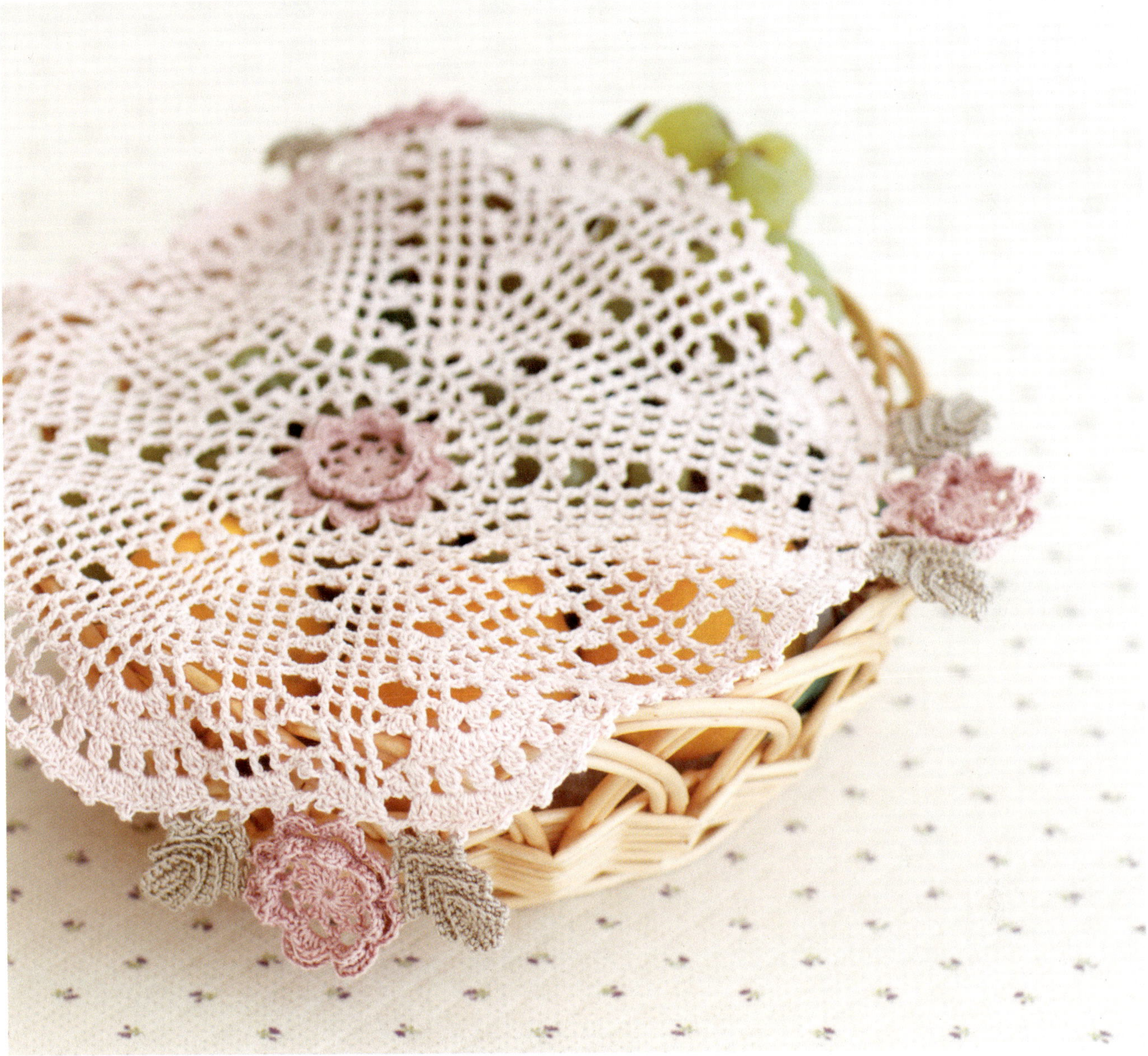

How to Knit • p.86

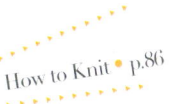

귀퉁이에 단 모티브는 바구니에 덮었을 때
아래로 늘어져서 잘 눌러 주는 역할도 해요.

PART 3

과일 & 간식 소품

폭신폭신한 크림이 맛있어 보이는 케이크와 신선한 과일!
간식과 과일 소품은 보고 있기만 해도 행복한 기분이 들어요.
일상생활에 달콤한 행복을 살짝 더해 보세요.

How to Knit • p.88

How to Knit • p.89

16 17

쇼트케이크 & 타르트 열쇠고리

어느 게 진짜? 저절로 묻고 싶어질 만큼
진짜와 똑같이 생긴 케이크 열쇠고리예요.
쇼트케이크로 만들지 타르트로 만들지 고민해 볼까요?

Design & Knitting … 가와지 유미코

컵 아이스크림 핀쿠션

바느질을 좋아하는 사람이라면 누구에게나 친숙한 핀쿠션이
이렇게 귀여운 컵 아이스크림으로 변신했어요.

Design & Knitting … 후지타 도모코

How to Knit ● p.90

19

사과 소품함

진짜 사과와 헷갈릴 법한 사과 소품함.
다 만들어서 주위에 보여 줄 생각에 벌써부터 즐거워요.

Design & Knitting … 가와지 유미코

20
레몬 카드 케이스

레몬 조각 3개를 깔끔하게 배열해서 깜찍한 카드 케이스를 만들었어요.
늘 지니고 다니는 물건이라 더욱 귀엽게 느껴지죠.

Design & Knitting … 엔도 히로미

How to Knit ● p.93

파인애플 조리개 주머니 & 페트병 케이스

넓죽이 파인애플과 홀쭉이 파인애플은 조리개 주머니와 페트병 케이스 세트예요.
조리개 주머니에 도시락을 넣어서 들고 걸으면 점심시간이 몹시 기다려질 거예요.

Design & Knitting ··· 이마무라 요코

How to Knit • p.96
Point Lesson • p.22

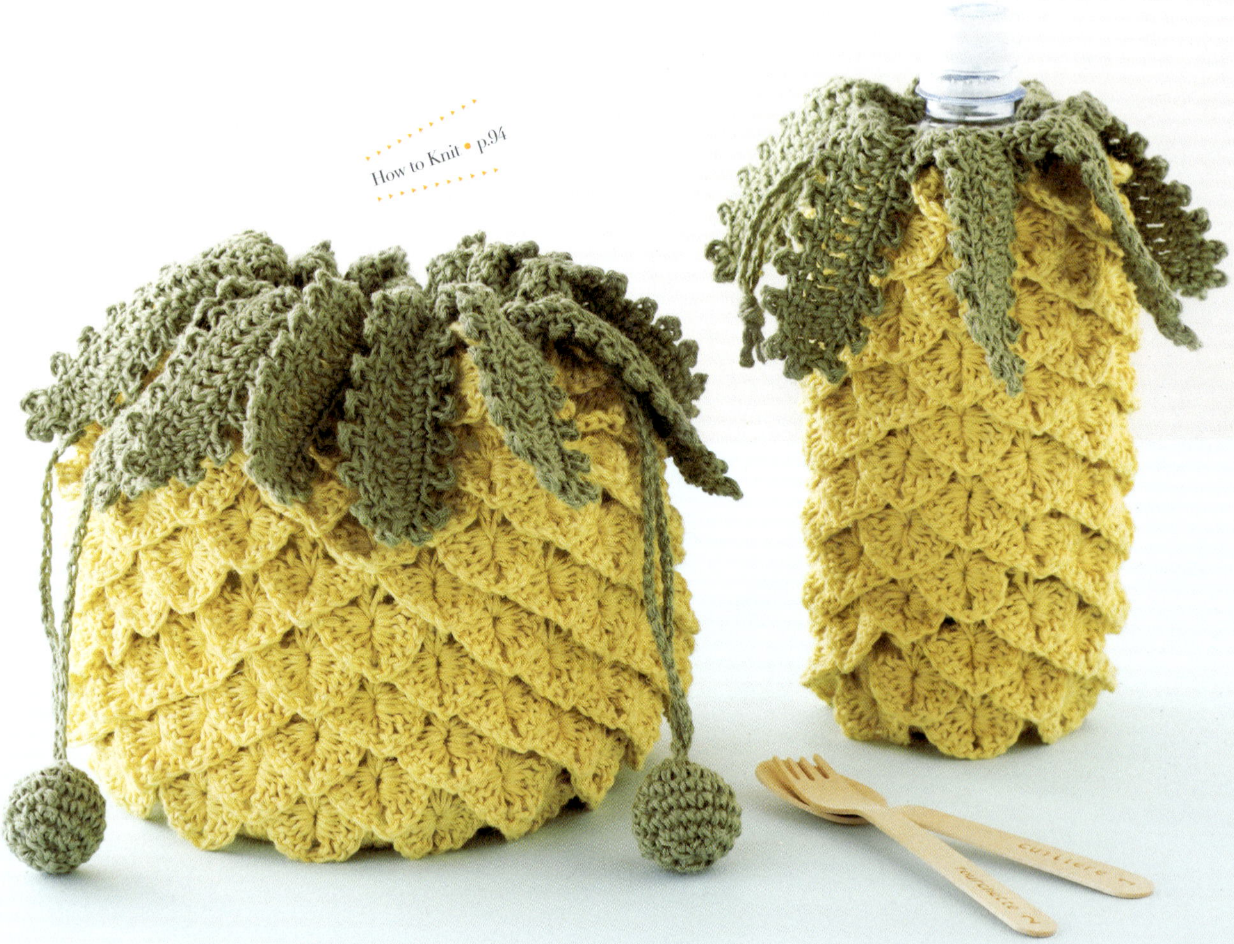

How to Knit • p.94

비늘뜨기로 뜬 파인애플 표면이
진짜 파인애플과 꼭 닮았죠!

피코로 표현한 뾰족뾰족한 이파리도 귀여워요.

과일 장식 가방

딸기, 포도, 블루베리 등 색색가지 열매를 가득 달아 준 과일 장식 가방.
다 만들면 어디에 가지고 나가 볼까, 생각하는 시간조차 즐거울 거예요.

Design & Knitting … 오카 마리코

How to Knit • p.98
Point Lesson • p.23

가방 뒷면은 쓰기 편하도록 단순하게 만들었어요.

넘칠 만큼 가득 열매를 달아 준 모습을 보면
당장이라도 따고 싶어지죠.

PART 4

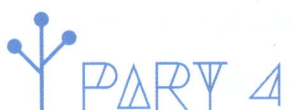

패션 잡화

케이프나 코너 레이스만 살짝 곁들여도
평범한 옷과 소품이 귀여운 아이템으로 대변신한답니다.
금방에 뜰 수 있으니 스타일링에 꼭 이용해 보세요.

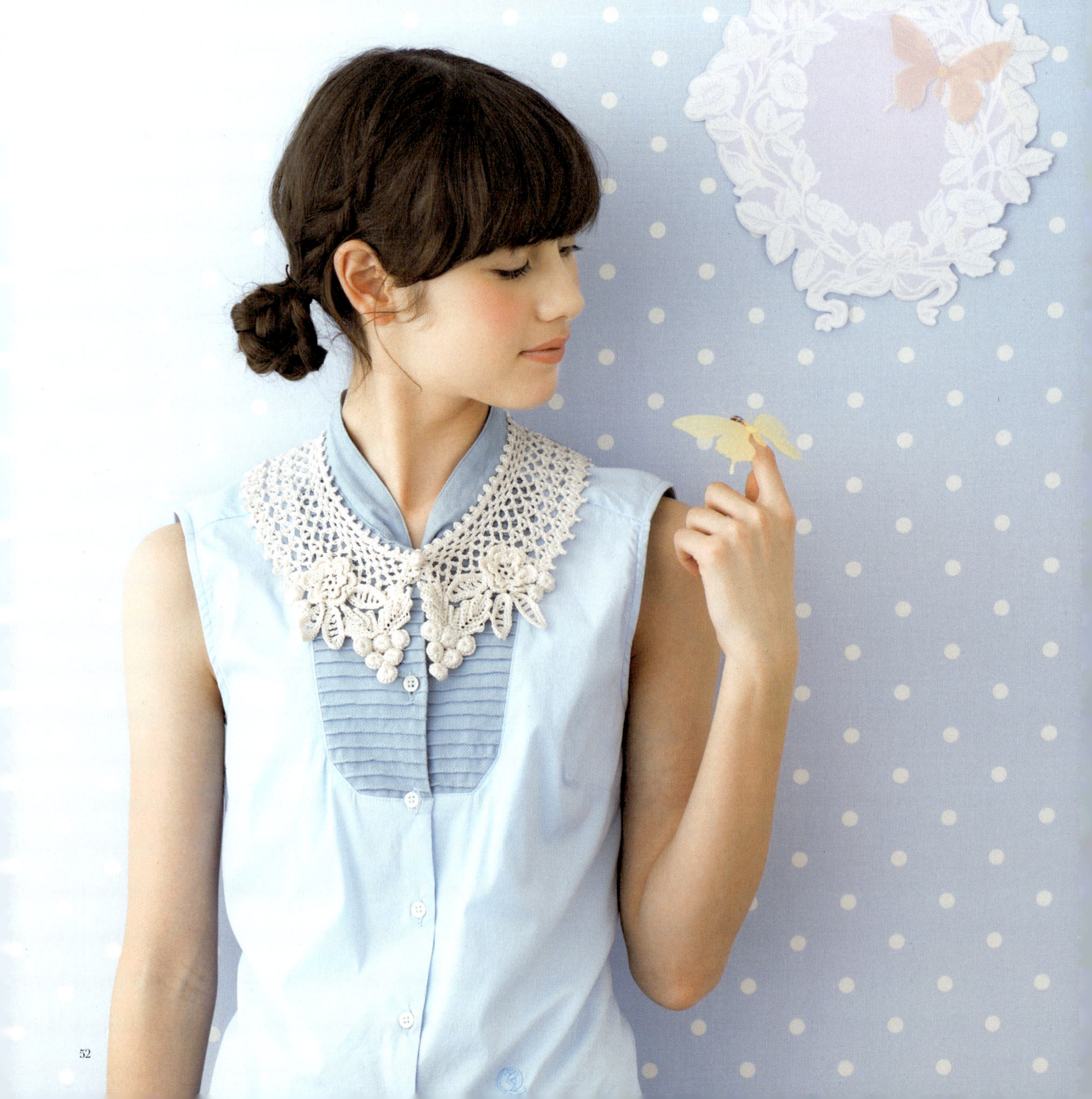

아이리시 크로셰 레이스 케이프

그물무늬 몸판의 칼라 끝에 표정이 풍부한 아이리시 모티브를 달아준 케이프.
단순한 스타일링도 입체적인 들장미, 잎, 열매, 포도 모티브를 곁들여 주면
단숨에 화려한 인상으로 변해요.

Design & Knitting … 가와이 마유미

How to Knit • p.100
Point Lesson • p.24

장미꽃 & 잎사귀 케이프

아이리시 모티브 장미를 목둘레에 둘러 볼까요?
꽃과 잎사귀를 번갈아 이어 만든
호화로운 케이프를 액세서리 같은 느낌으로 즐겨 보세요.

Design & Knitting … 세리자와 게이코

How to Knit • p.102
Point Lesson • p.24

26
장미꽃 케이프

칼라 끝에 장미를 한 송이씩 달았어요.
부드러운 색상이라서 평상복 차림부터 정장까지
어디에든 잘 어울린답니다.

Design & Knitting … 세리자와 게이코

How to Knit ● p.104

셔츠 칼라풍 케이프

셔츠 칼라풍으로 디자인한 케이프 가장자리에 꽃 모티브를 달았어요.
검정색으로 멋진 분위기를, 작은 꽃으로 소녀 같은 느낌을 냈지요.

Design & Knitting … 오카 마리코

How to Knit • p.106

프릴 케이프

우아한 프릴의 곡선이 여성스러운 아름다운 케이프예요.
칼라 둘레에 끼운 끈으로 목둘레에 맞게 크기를 조절할 수 있어요.

Design & Knitting … 엔도 히로미

How to Knit • p.108

봄 옷차림에 꼭 어울리는 아일리시 들장미
모티브 다섯 종류를 한데 모았어요.
여성들이 좋아하는 요소를 담은 낭만적인 니트를
스타일링에 이용해 보세요.

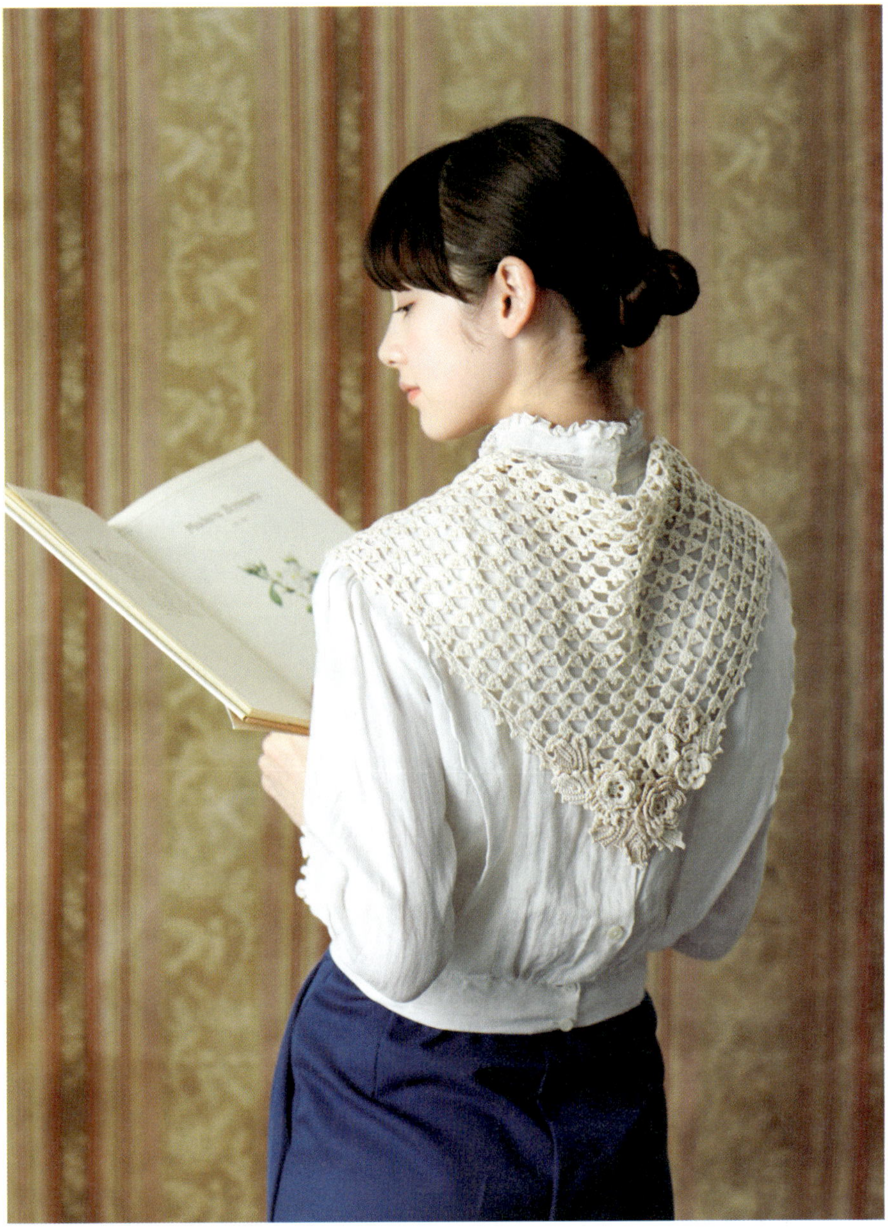

29 How to Knit • p.110

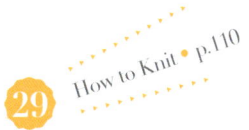

미니 숄

그물뜨기와 피코로 섬세하게 뜬 숄에 들장미가 청초하게 피어났네요.
앞에서 리본을 묶어서 어깨에서 흘러내리지 않도록 한 세련된 디자인이랍니다.

Design & Knitting … 오카 마리코

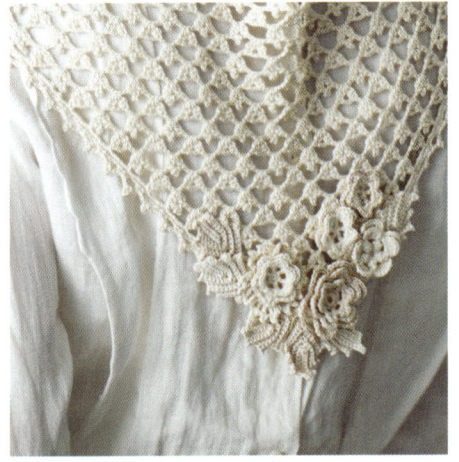

30 31 32

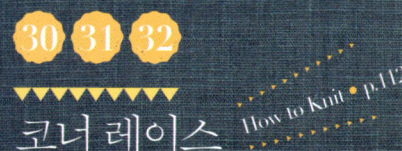

코너 레이스

How to Knit • p.112

아이보리 실로 1코 1코 꼼꼼하게 뜬 레이스가 매력적인 코너 레이스.
손수건 모서리나 옷의 목둘레 등에 멋내기 포인트로 사용해 보세요.

Design & Knitting … 엔도 히로미

30

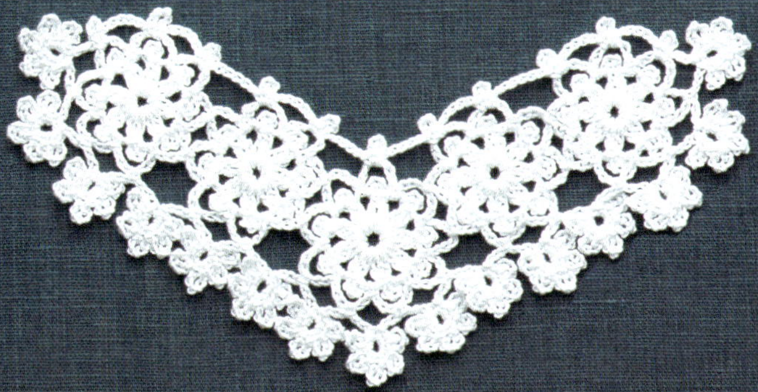

31

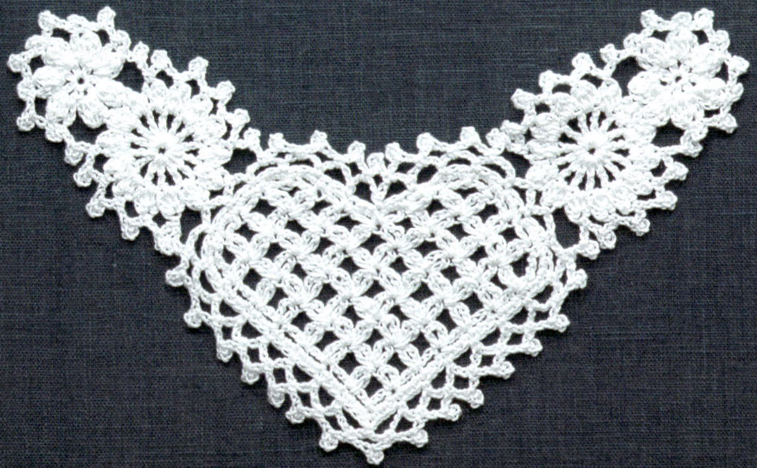

32

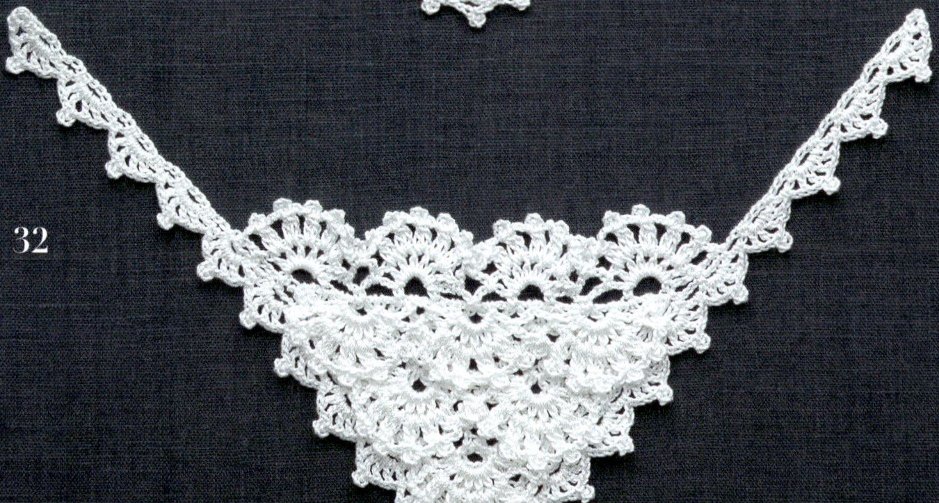

32 레이스를 목둘레에 두르면
화려하게 변신하지요.

손수건 모서리에 30 레이스를 달았어요.

31 레이스로 밋밋한 가방에 포인트를 주세요.

33

How to Knit • p.109
Point Lesson • p.25

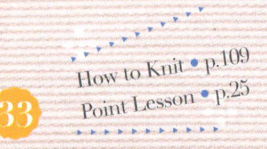

파랑새 미니 리스

사랑스러운 작은 파랑새가 미니 리스에 살짝 앉았어요.
꽃도 곁들여서 행운이 가득한 귀여운 리스를 만들어 보세요.

Design & Knitting … 마쓰모토 가오루

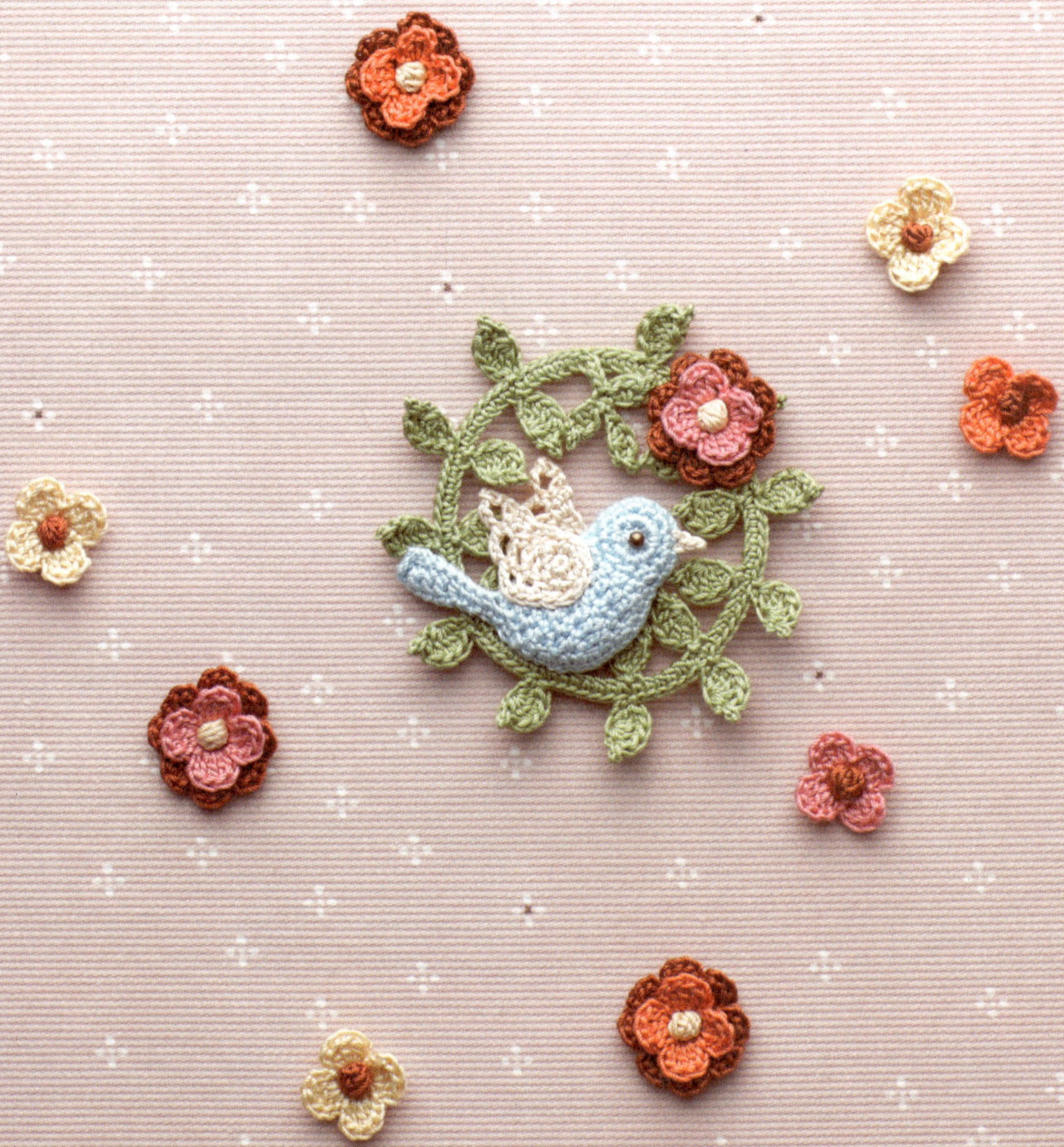

행운을 가져다주는 미니 리스는
문고리에 걸어서 방에 장식하거나,
가방 장식으로 만들어서 액세서리로 삼는 등
다양한 방법으로 즐길 수 있어요.

① 선반 레이스 Photo ● p.26·27

준비물

실(1장분) DMC 세베리아 10번 아이보리(3865) 20g
바늘 레이스용 코바늘 0호
완성 치수 그림 참조

만드는 순서

1. 잎부터 뜨기 시작한다. 기초코로 사슬 15코를 잡아서 줄기뜨기로 6단을 뜬다. 똑같은 것을 4장 뜬다.
2. 꽃 모티브는 실로 원형코를 만들어서 7단까지 원형으로 뜬다. 실을 자르지 않고 여덟째 단을 뜨기 시작하여 뜨개도안처럼 10단까지 뜨는데, 열째 단에서 잎의 주운 코(a~e)에 빼뜨서 잇는다. 둘째 꽃 모티브부터는 잎 외에 인접한 꽃 모티브에도 잇는다.
3. 꽃 모티브의 코를 주워서 가장자리뜨기를 5단 한다.

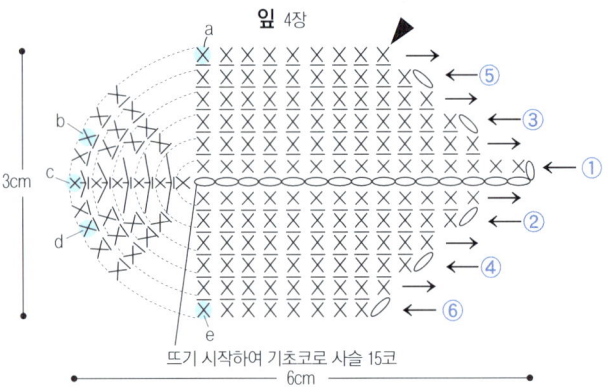

× = 줄기뜨기
× = 잎 모티브를 꽃 모티브에 이을 때, 이 코에 바늘을 넣어서 빼뜨기를 한다(c는 한가운데 코)
× (꽃 모티브 넷째, 여섯째 단)=짧은뜨기 뒤걸어뜨기(2단 밑의 코를 뒤쪽에서 주워서 뜬다)

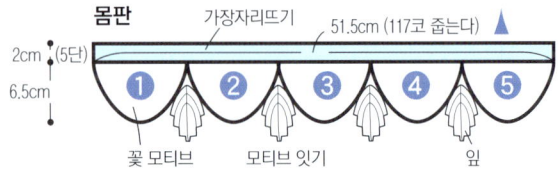

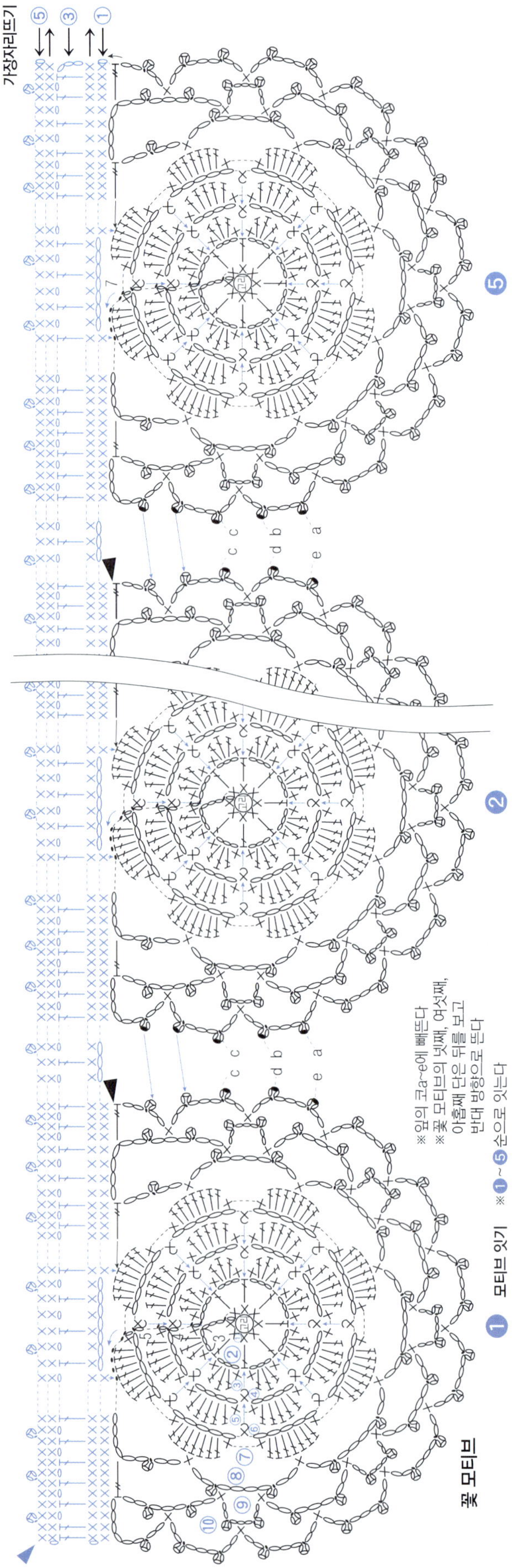

6 아이리시 도일리 Photo • p.32~33

◇ 준비물 ◇

실 다루마 레이스사 #30 아오이 아이보리(2) 37g
바늘 레이스용 코바늘 4호
완성 치수 그림 참조

◇ 만드는 순서 ◇

1. 바탕 도일리는 기초코로 사슬 6코를 잡고, 나눠서 코를 늘리면서 육각형으로 넓혀 가며 14단을 뜬다.
2. 꽃 모티브는 실로 원형코를 만들어서 넷째 단까지 꽃잎 5장을 원형으로 뜬다.
3. 다섯째 단부터는 꽃잎을 1장씩 뜬다. 셋째 단 사슬코 아래에서 주워서 짧은뜨기와 사슬뜨기를 한다(☆부분). 계속하여 a, b단을 뜬 뒤에 실을 걸치고 다음 꽃잎을 뜬다.
4. 여섯째 단은 꽃잎 둘레를 한 바퀴 돌면서 1단 뜬다.
5. 바탕 도일리에 꽃 모티브를 달아 준다.

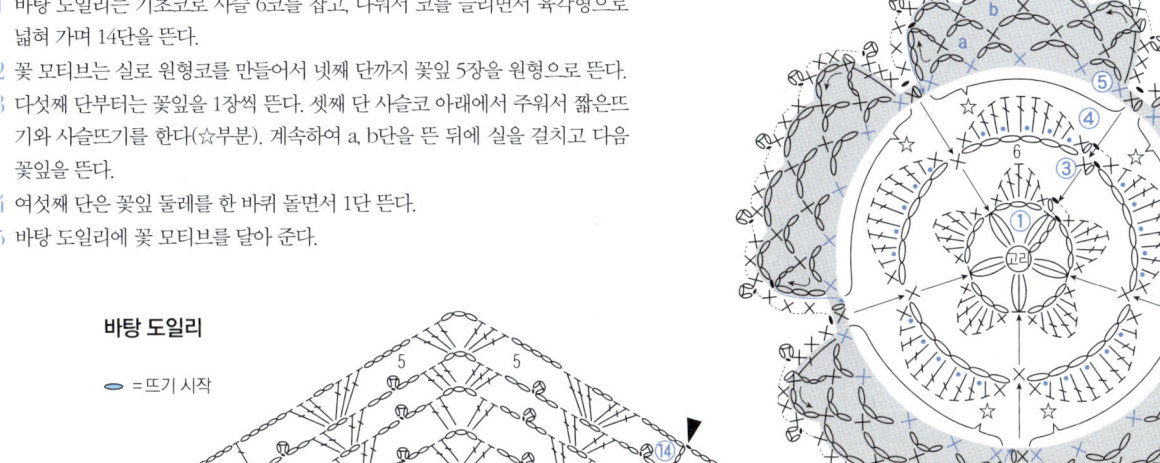

② 카페 커튼

Photo • p.28
Point Lesson • p.18

준비물

실 다루마 스피마 크로셰 아이보리(2) 98g,
장미색(10) 10g, 카스리(61) 10g
바늘 레이스용 코바늘 2호
게이지(가로 세로 각 10㎝) 모눈뜨기 38.5코 13단
완성 치수 그림 참조

만드는 순서

1. 몸판은 기초코로 사슬 450코를 잡아서 모눈뜨기로 21단을 뜬다.
2. 기초코에서 반대 방향으로 코를 주워서 무늬뜨기를 1단 한다. 가장자리뜨기는 무늬뜨기의 뜨기 끝에서 계속하여 뜨개도안에 따라 둘레에 2단 하고, 아랫단만 단마다 뜨는 방향을 바꿔서 4단까지 뜬다. 윗단에 짧은뜨기를 1단 한다.
3. 감는 장미를 2가지 색으로 16장 뜨고 p.18을 참조하여 모양을 만든다.
4. 감는 장미를 몸판에 번갈아 달아 준다.

카페 커튼

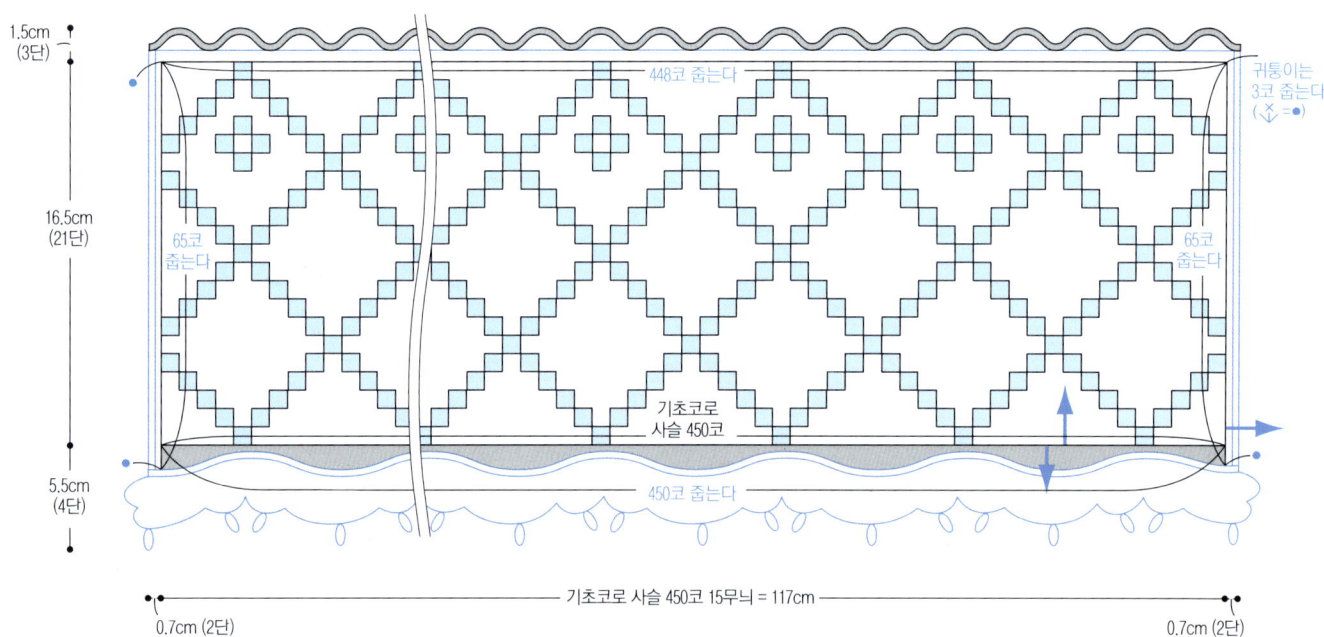

마무리하기

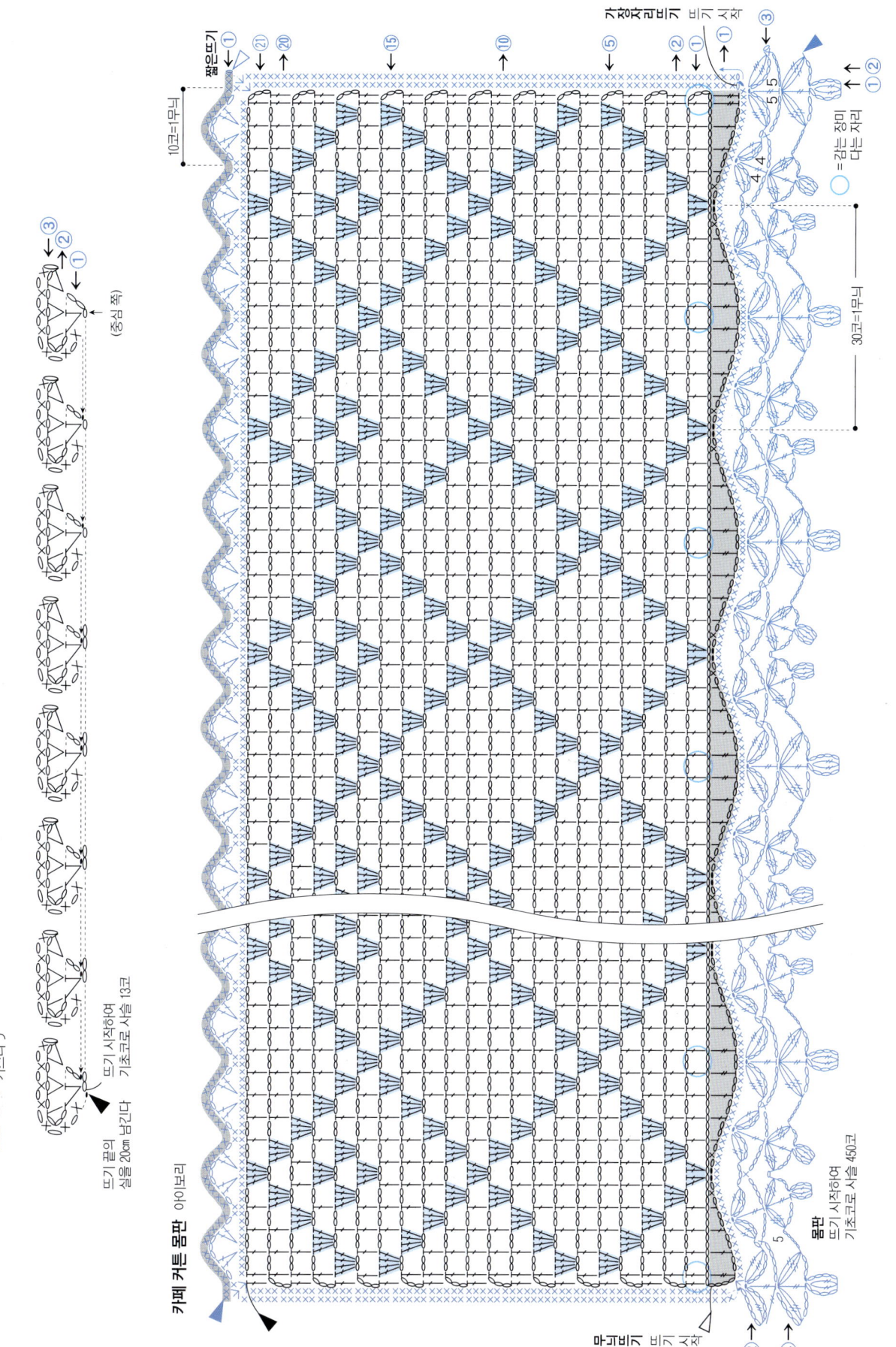

3 러그 매트 Photo p.29

◇ 준비물 ◇

실 올림푸스 에미 그란데〈허브스〉베이지(732) 80g, 갈색(721) 15g, 에미 그란데 오프화이트(851) 20g
바늘 레이스용 코바늘 2호
게이지(가로 세로 각 10cm) 모눈뜨기 48코 18단
완성 치수 그림 참조

◇ 만드는 순서 ◇

몸판
1 뜨기 시작할 때는 몸판의 A, B, C, D, E를 1장씩 뜬다.
2 E의 뜨기 끝에서 계속하여 몸판 첫째 단을 사슬 2코로 A, B, C, D를 이으면서 뜬다. 2~74단은 모눈뜨기로 뜬다.
3 74단의 뜨기 끝에서 계속하여 F를 뜬다. G, H, I, J는 새 실을 이어서 각각 뜬다.
4 둘레에 가장자리뜨기를 1단 한다.

꽃 모티브
1 꽃(a, b, c, d, e)과 봉오리를 각각 정해진 색으로 뜬다(배색표 참조).
2 꽃(a, b, c, d)과 봉오리에 꽃술로 사슬 7코 고리를 떠 준다.
3 꽃(a, b, c, d, e)과 봉오리를 몸판에 달아 준다.

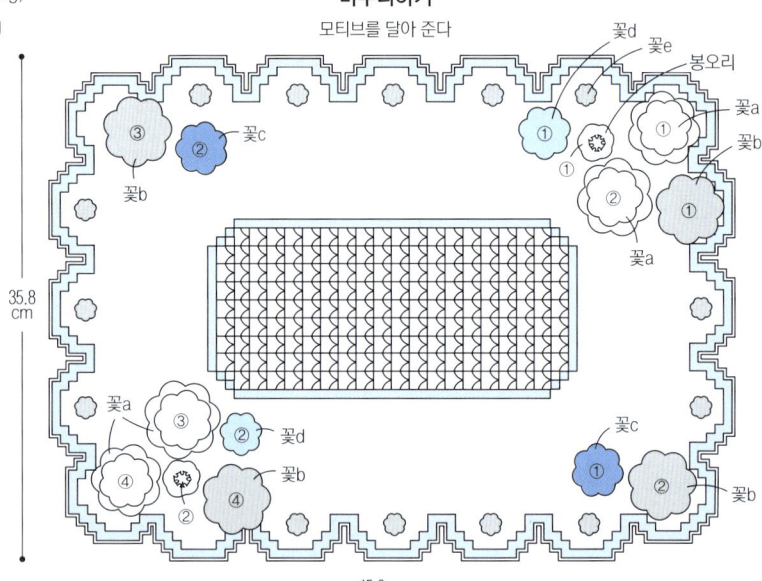

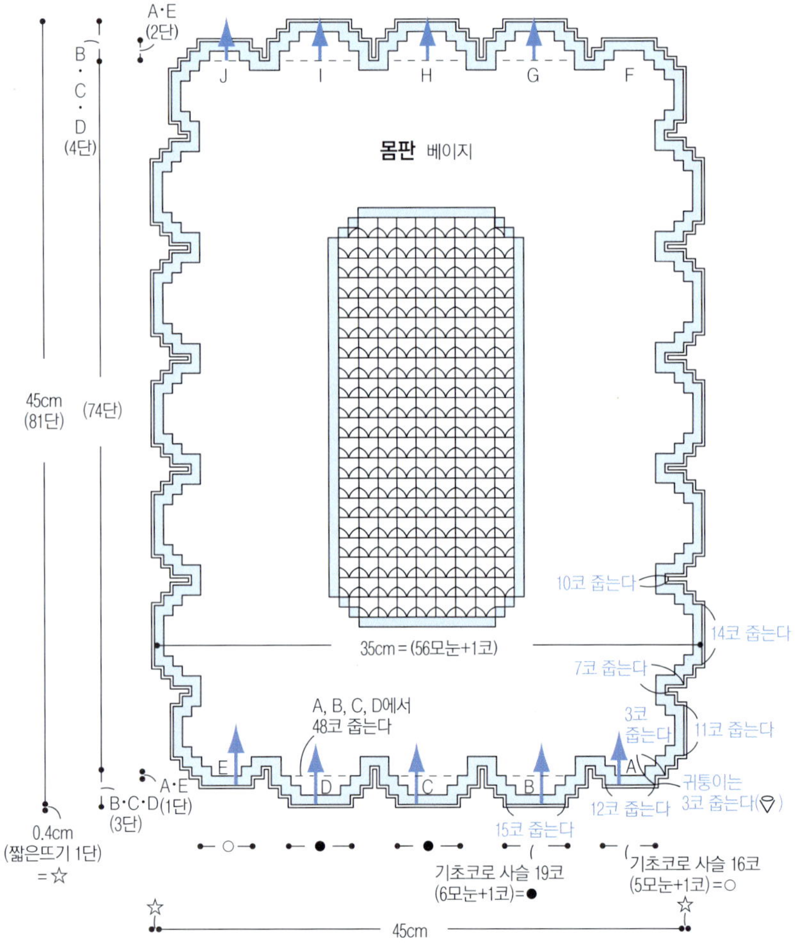

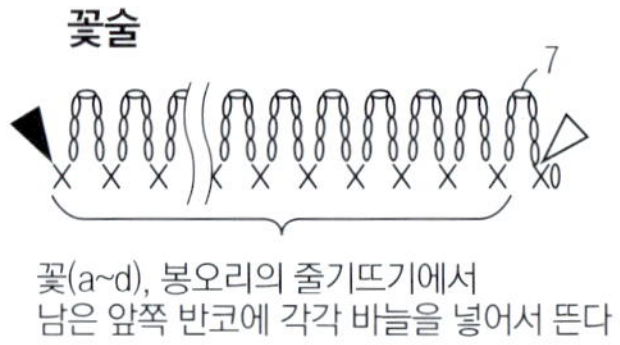

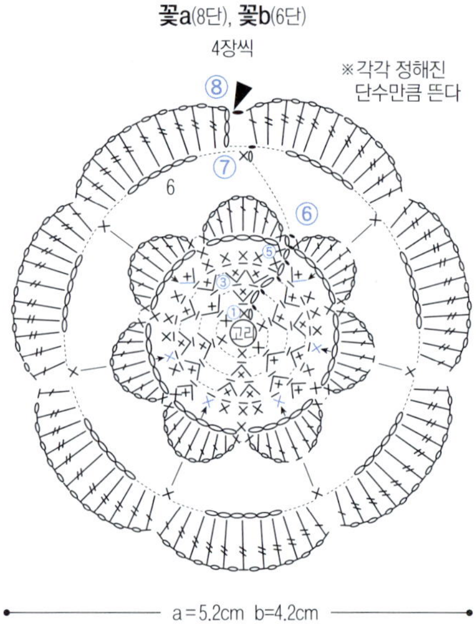

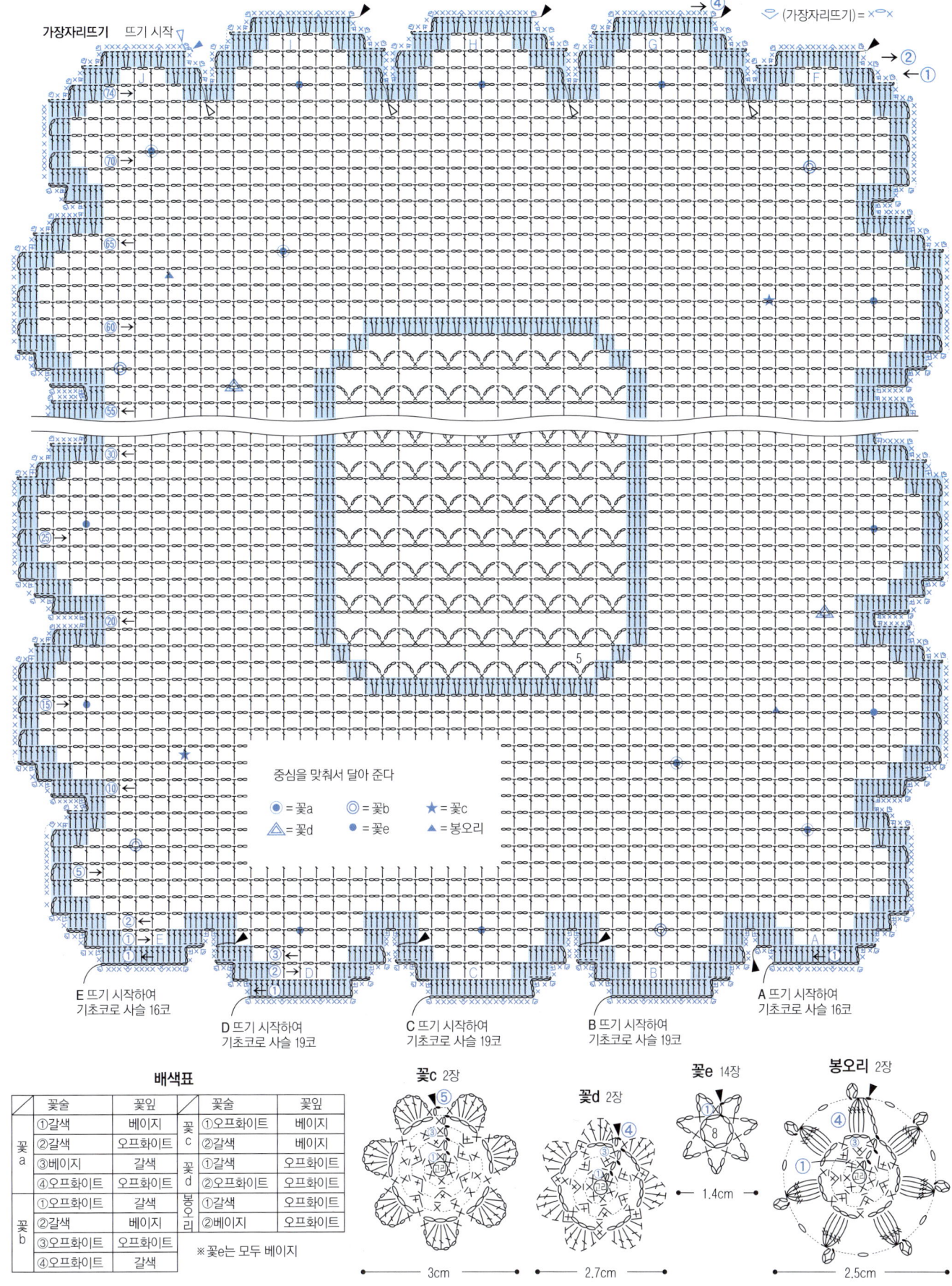

꽃 도일리 Photo p.30

준비물
실 다루마 레이스사 #30 아오이 오프화이트(15) 25g
바늘 레이스용 코바늘 4호
완성 치수 지름 21cm

만드는 순서
1. 바탕은 실로 원형코를 만들어서 뜨기 시작하고, 뜨개도안을 참조하여 8단을 뜬다.
2. 모티브는 바탕의 셋째 단까지와 똑같이 뜨고, 셋째 단에서 바탕의 여덟째 단에 빼떠서 잇는다. 둘째 모티브부터는 바탕과 인접 모티브 양쪽에 잇는다. 모티브는 12장을 뜨면서 잇는다.

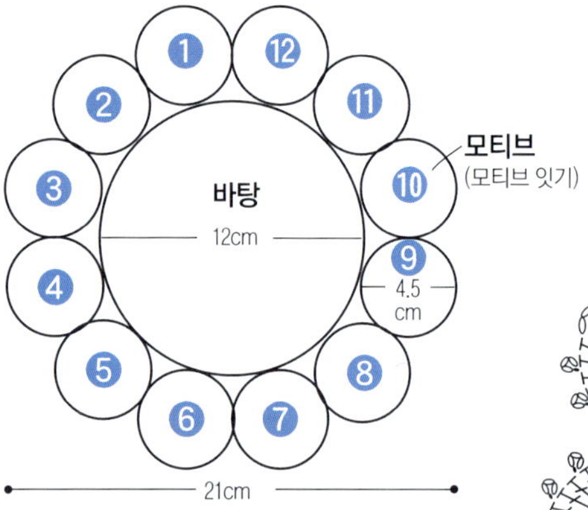

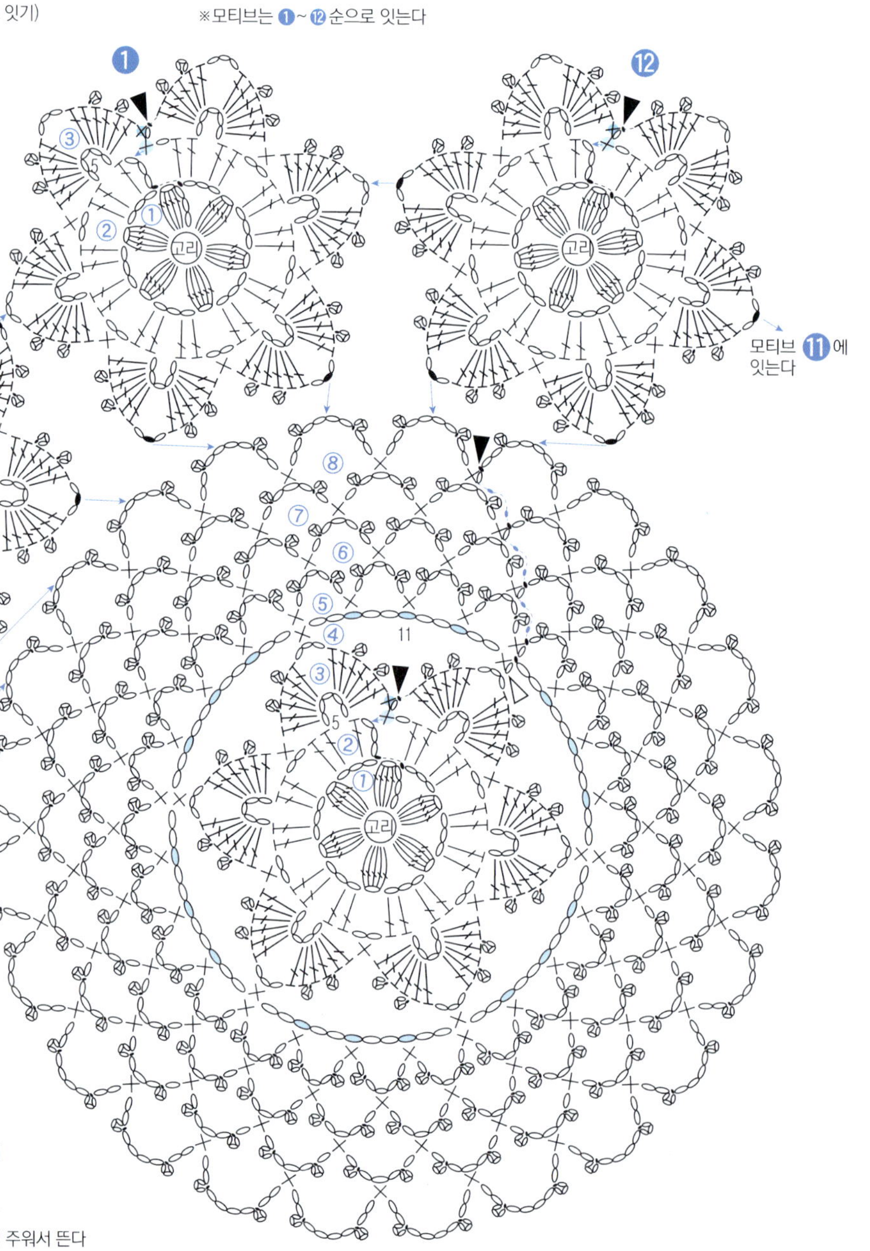

※모티브는 ①~⑫ 순으로 잇는다

▌ (모티브와 바탕 첫째 단)=한길긴뜨기 5코 팝콘뜨기
◯ (바탕 넷째 단)=다섯째 단 짧은뜨기는 이 코에 뜬다
✕ (바탕과 모티브 셋째 단)=둘째 단의 ✕ 코 아래에서 주워서 뜬다

⑤ 2way 티슈 커버 Photo ● p.31

◇ 준비물 ◇

- **실** 다루마 스피마 크로셰 아이보리(2) 90g
- **바늘** 레이스용 코바늘 0호
- **게이지**(가로 세로 각 10cm) 무늬뜨기 41.5코 13.5단
- **완성 치수** 그림 참조

◇ 만드는 순서 ◇

1. 몸판은 기초코로 사슬 133코를 잡아서 무늬뜨기로 51단을 뜬다.
2. 51단의 뜨기 끝에서 계속하여 둘레에 가장자리뜨기를 한다.
3. 꽃a와 꽃b를 각 4장씩 뜨고 잎을 8장 뜬 후, 몸판의 뜨기 시작 쪽과 뜨기 끝 쪽에 달아 준다.
4. 끈을 2줄 떠서 좌우 끝에 끼운다.
5. 티슈 상자를 감싸고 끈을 조여서 묶는다.

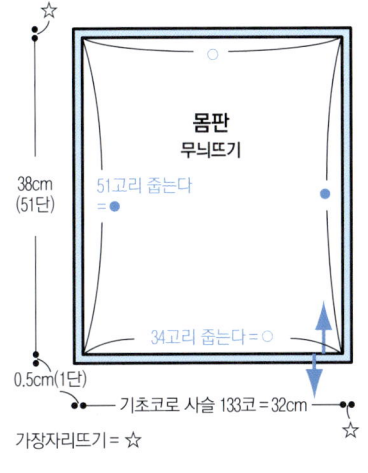

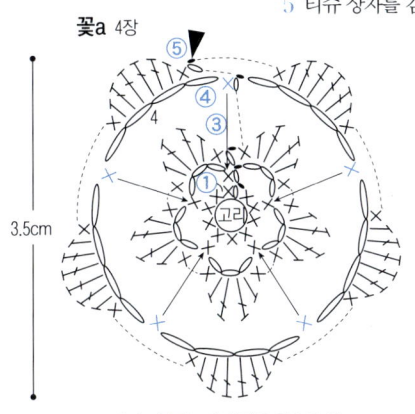

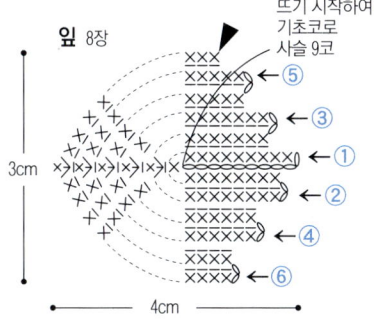

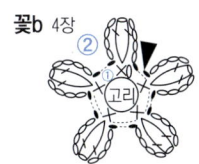

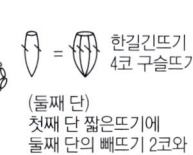

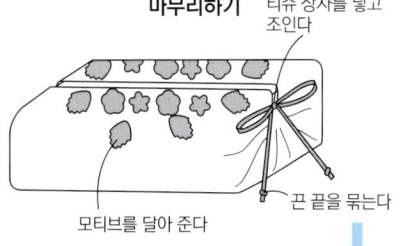

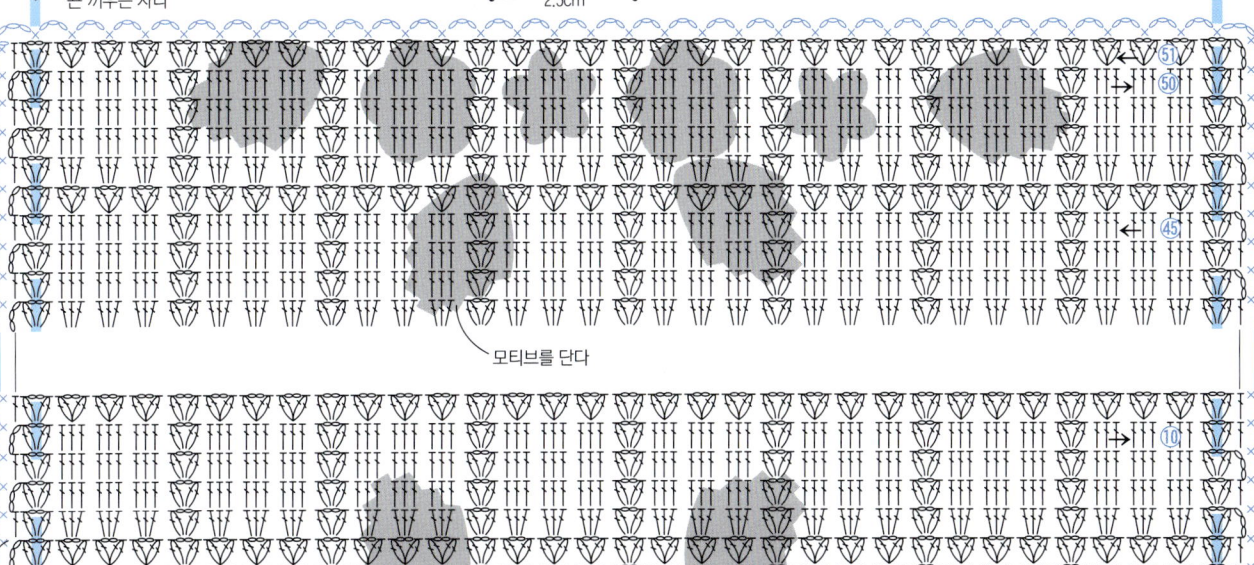

7 카페 커튼 Photo • p.34

▷ 준비물 ◁

실 올림푸스 에미 그란데 아이보리(804) 105g
바늘 레이스용 코바늘 2호
게이지(가로 세로 각 10cm) 모눈뜨기 37코 15.5단
완성 치수 그림 참조

▷ 만드는 순서 ◁

1 기초코로 사슬 334코를 잡아서 코를 늘리거나 줄이지 않고 39단까지 뜨고, 뜨개도안을 참조하여 양 끝에서 코를 줄여서 1단을 뜬다.
2 계속하여 오른쪽 끝의 세모 부분 9단은 양 끝에서 코를 줄이면서 뜨고 실을 자른다. 이처럼 세모 부분은 하나씩 떠 준다.
3 코를 줄인 첫째 단에 실을 이어서 다음 세모 부분 9단을 같은 식으로 뜬다. 남은 세모 4개도 같은 요령으로 뜬다.

8 아이리시 리본

◇ 준비물 ◇

실 올림푸스 에미 그란데 아이보리(804) 15g
바늘 레이스용 코바늘 2호
완성 치수 그림 참조

◇ 만드는 순서 ◇

1. 잎을 뜬다(p.18 참조). 잎은 둘째 장의 코를 첫째 장 중심에 통과시켜서 잇는다. 같은 식으로 뜨며 이은 것을 3쌍 만든다.
2. 열매를 뜬다(p.20 참조). 셋째 단은 중심 고리에 바늘을 넣어 첫째·둘째 단을 감싸며 뜨고, 총 21장 뜬다.
3. 열매를 7장씩 송이 모양으로 잇고 뒤를 앞으로 해서 꿰맨다(p.20 참조).
4. 브레이드는 기초코로 사슬 7코를 잡아서 35단을 뜬다.
5. 잎에 7장을 이은 열매를 달아 주고, 브레이드에 잎을 가름실(p.24 참조)로 단다.

열매 21장

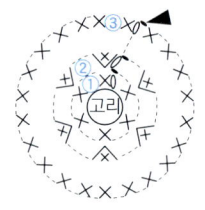

※뒤를 앞으로 이용한다
※열매 뜨는 법은 p.20 참조
※셋째 단은 원형코에 바늘을 넣어서 첫째, 둘째 단을 감싸며 뜬다

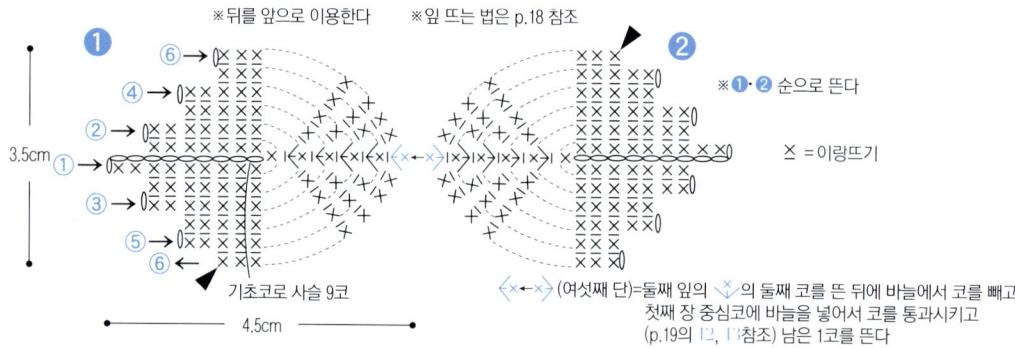

10 티 코스터

Photo ● p.37
Point Lesson ● p.21

◇ 준비물 ◇

실(1장분) 올림푸스 에미 그란데 오프화이트(851) 5g, 초록(238) 1g, 에미 그란데〈허브스〉빨강(190) 3g
바늘 레이스용 코바늘 2호
게이지(가로 세로 각 10cm) 모눈뜨기 39코(13모눈) 13단
완성 치수 그림 참조

◇ 만드는 순서 ◇

1. 몸판은 기초코로 사슬 28코를 잡아서 모눈뜨기로 13단을 뜨고, 둘레에 가장자리뜨기를 한다.
2. 감는 장미를 1장, 잎을 2장 뜬다. 감는 장미는 p.21을 참조하여 안쪽 꽃잎을 뜨고, 감아서 밑동을 꿰매어 모양을 만든다.
3. 감는 장미와 잎을 합쳐서 몸판에 달아 준다.

티 코스터
★ =5코 줍는다　● =3코(▽)줍는다

몸판
★ 뜨는 법
※양 끝의 2코에 ×를 뜬다

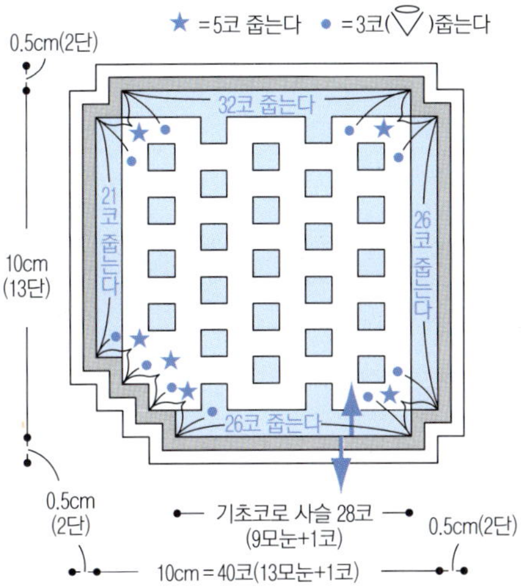

※감는 장미와 잎의 뜨개도안은 ⑨, ⑩ 공통이고 정해진 장수만큼 뜬다

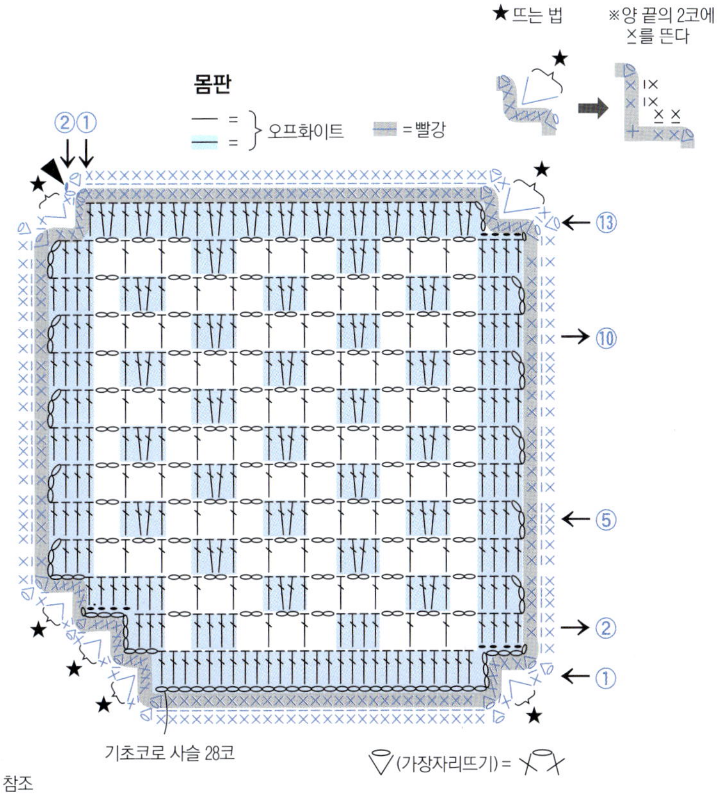

감는 장미 빨강
⑨ 8장　⑩ 1장

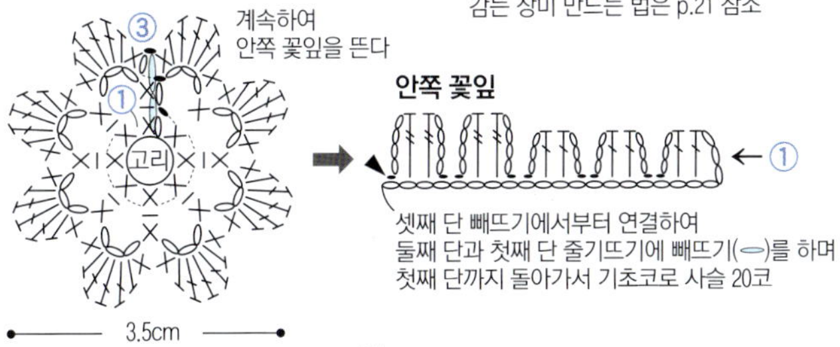

바깥쪽 꽃잎

※안쪽 꽃잎 뜨는 법과 감는 장미 만드는 법은 p.21 참조

안쪽 꽃잎

계속하여 안쪽 꽃잎을 뜬다

셋째 단 빼뜨기에서부터 연결하여 둘째 단과 첫째 단 줄기뜨기에 빼뜨기(━)를 하며 첫째 단까지 돌아가서 기초코로 사슬 20코

잎 초록
⑨ 16장　⑩ 2장

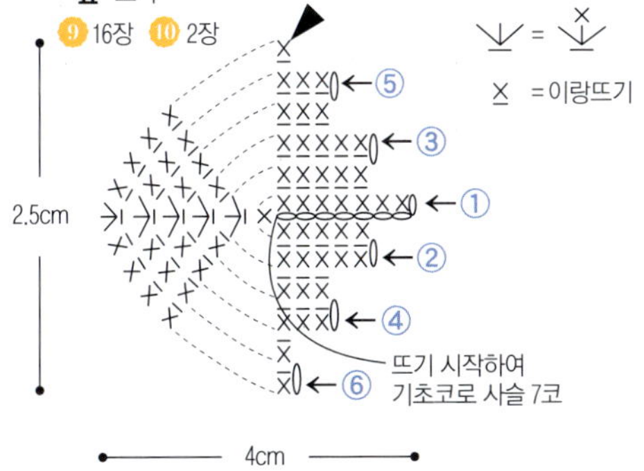

▽ = ▽
× = 이랑뜨기

뜨기 시작하여 기초코로 사슬 7코

마무리하기

감는 장미
잎 } 달아 준다

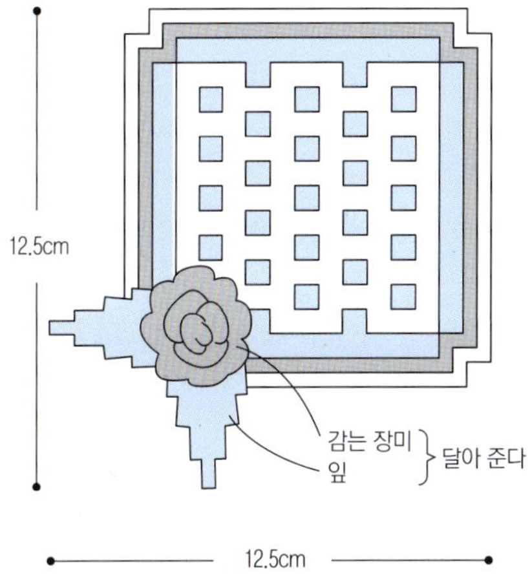

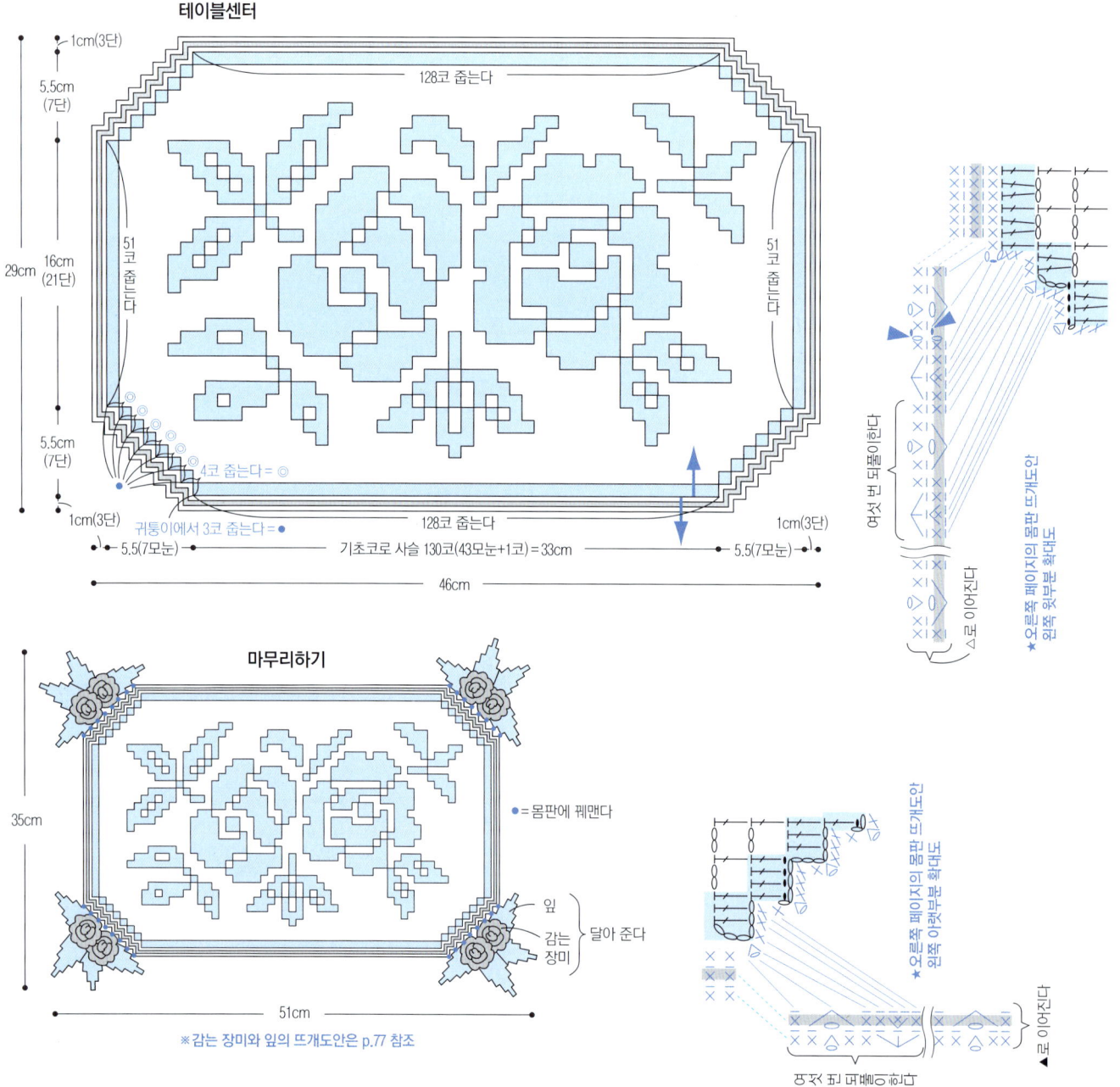

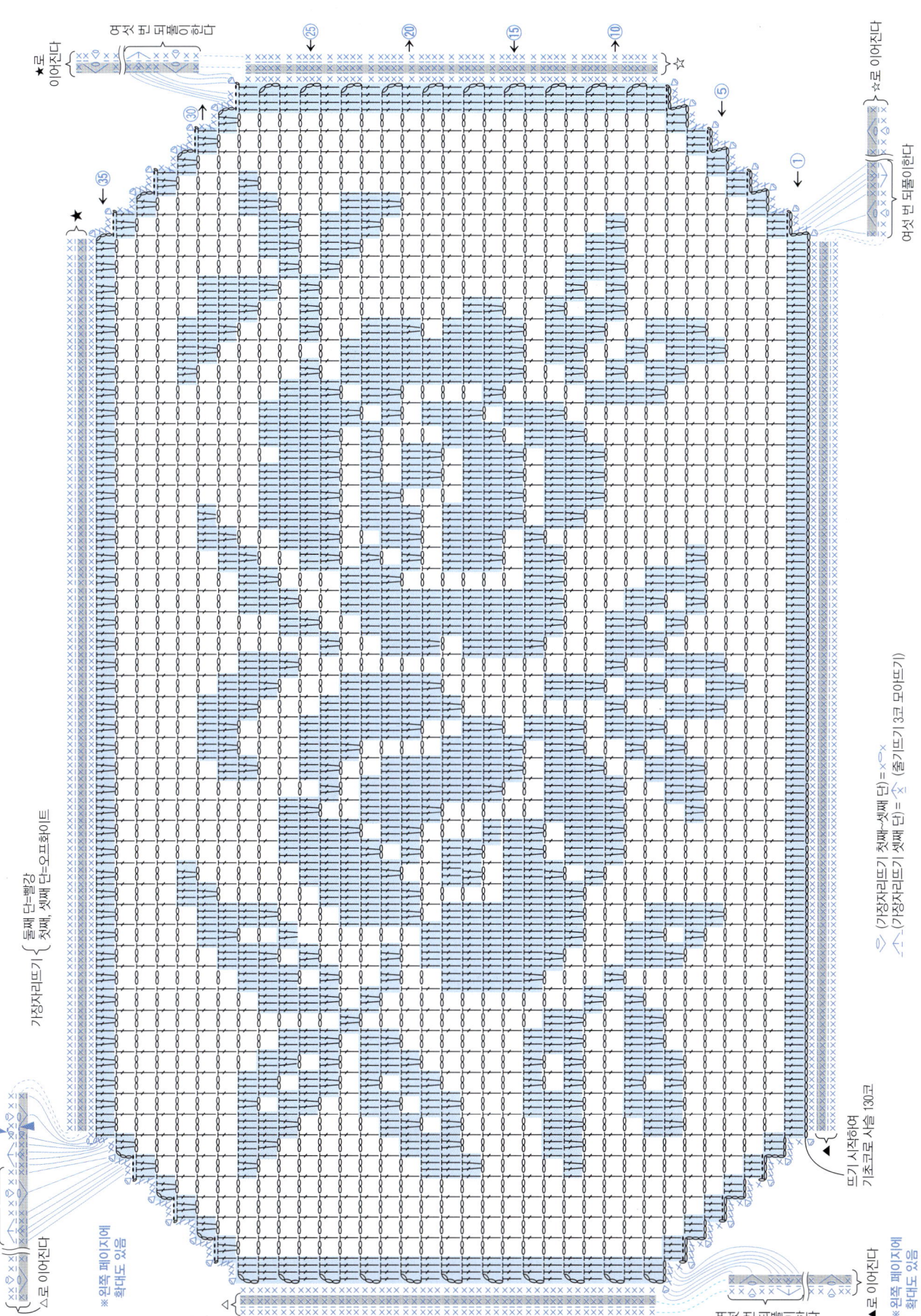

⑪ 카페 커튼

Photo ● p.38~39
Point Lesson ● p.21~22

▷ 준비물 ◁

실 올림푸스 에미 그란데 아이보리(804) 216g
바늘 레이스용 코바늘 2호
게이지(가로 세로 각 10㎝) 모눈뜨기 42코(14모눈) 12.5단
완성 치수 그림 참조

▷ 만드는 순서 ◁

1. 기초코로 사슬 508코를 잡아서 모눈뜨기로 44단을 뜬다.
2. 그 다음 단부터 시작되는 세모 부분은 산 모양 1개마다 나눠서 7단을 뜨는데, 양 옆에서 1모눈씩 줄이면서 뜨고 실을 자른다. 이처럼 세모 부분은 하나씩 뜬다.
3. 기초코에서 코를 주워서 왕복뜨기로 한길긴뜨기를 3단 한다.
4. 모눈 꽃무늬의 가운데에 꽃a와 b를 뜬다. p.21~22의 사진 해설을 참조하여 꽃a는 몸판 서른첫째 단에, 꽃b는 스물일곱째 단에 떠 준다.

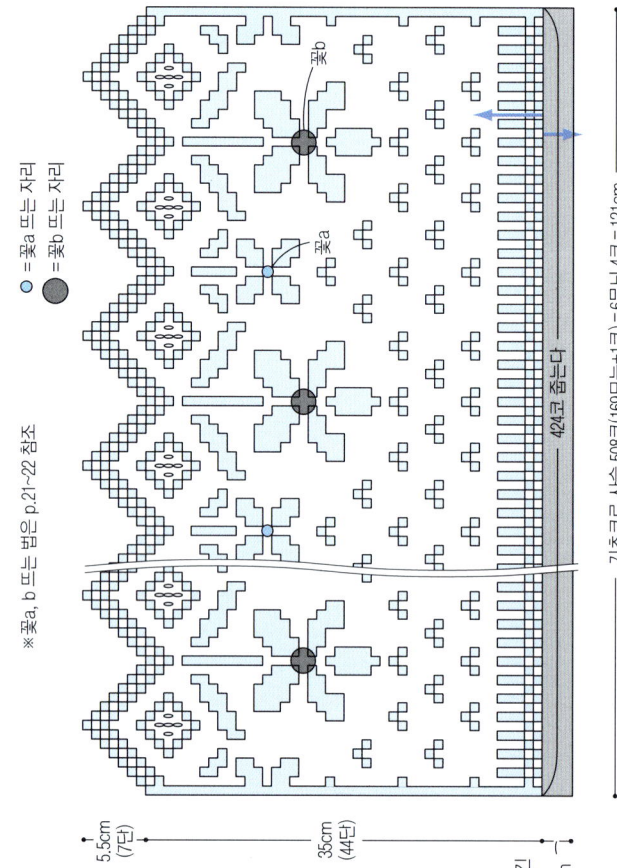

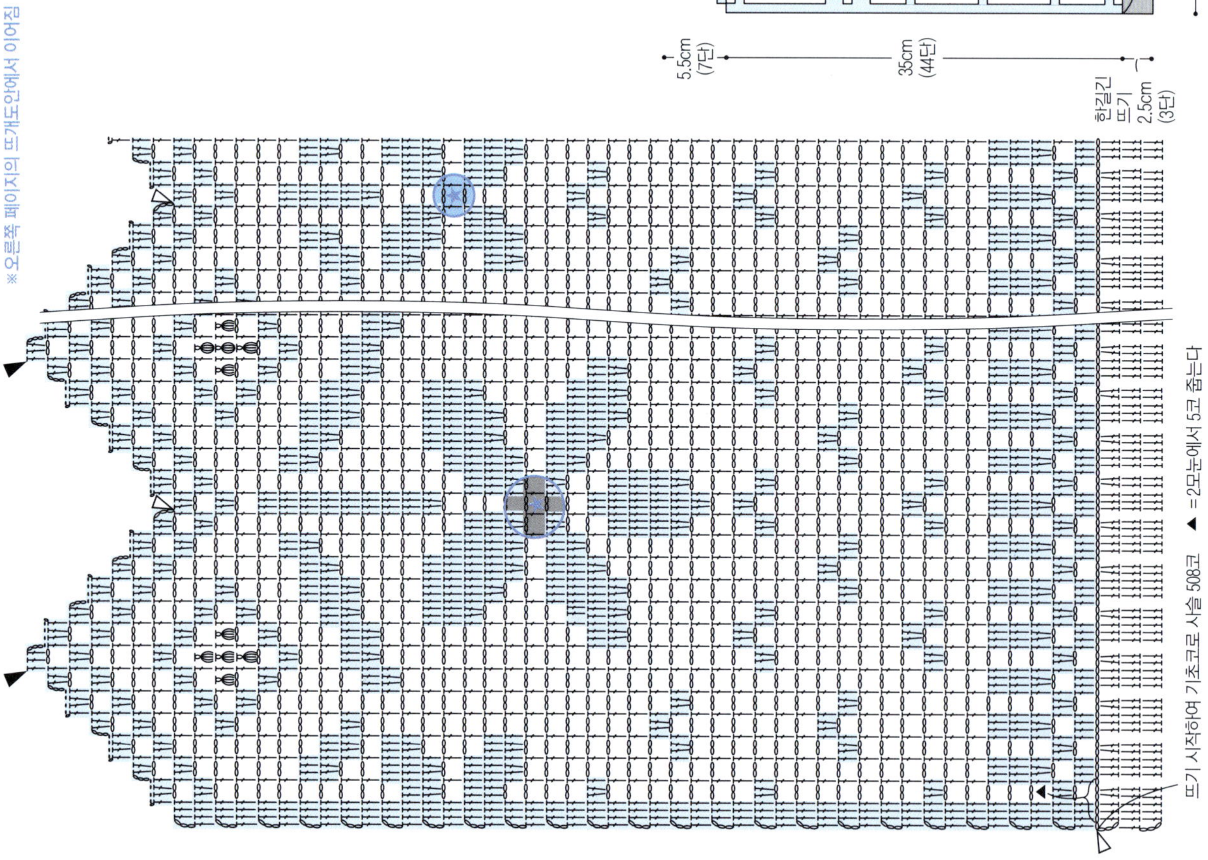

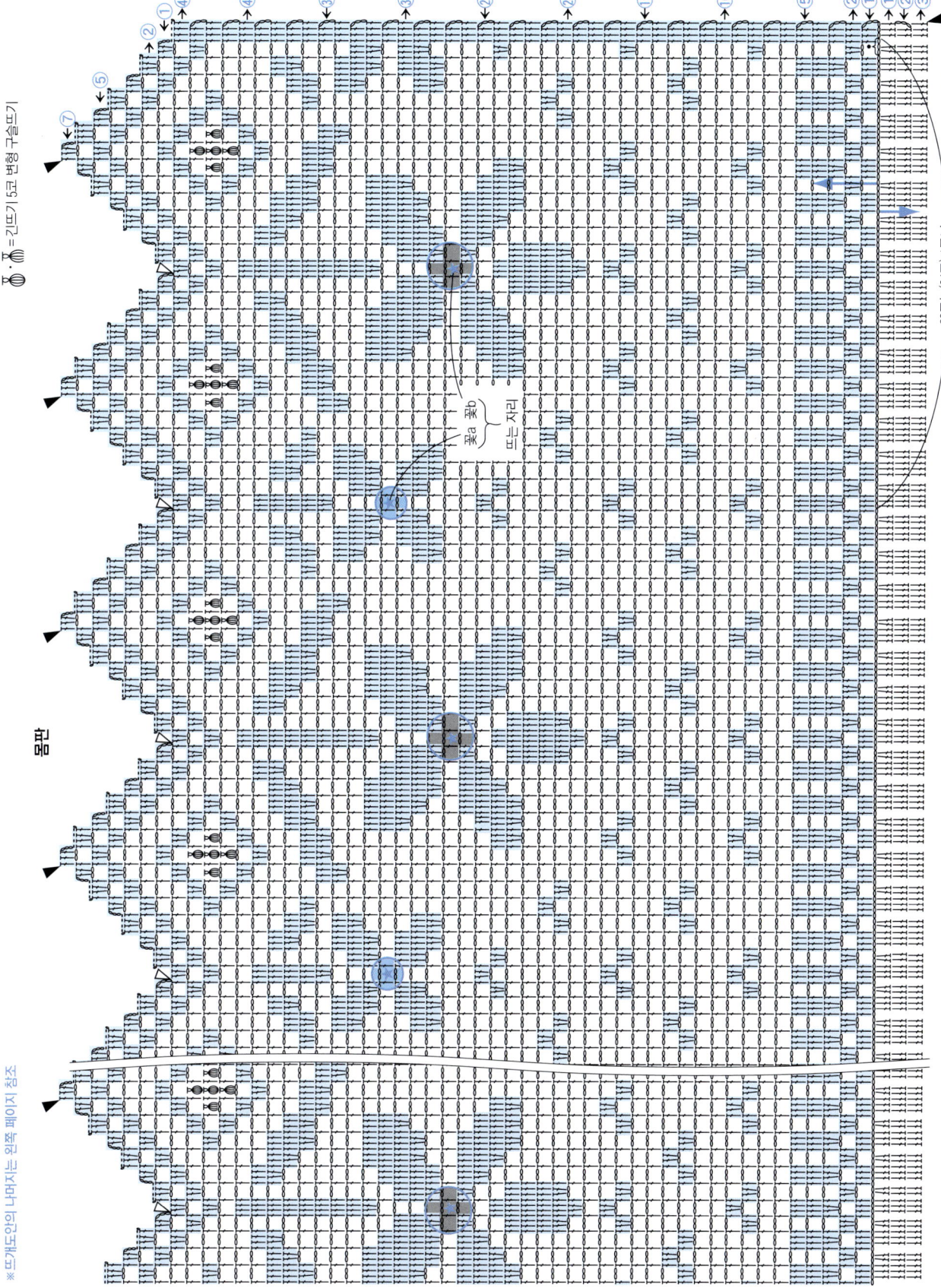

 티 코스터

준비물

실
⑫ 올림푸스 수플레〈가는 실〉 아이보리(102) 3g, 꽃분홍(106) 1g, 초록(104) 조금
⑬ 올림푸스 수플레〈가는 실〉 아이보리(102) 3g, 꽃분홍(106) 2g, 초록(104) 조금
바늘 코바늘 3/0호
완성 치수 지름 9.5cm

만드는 순서

1. 몸판은 실로 원형코를 만들어서 뜨개도안처럼 6단을 뜬다.
2. 꽃잎과 잎을 정해진 장수만큼 뜬다(오른쪽 페이지 참조). 꽃잎은 뜨개코 겉이 안쪽이 되도록 감아서 꽃 모양을 만들고 기초코 쪽을 꿰맨다. 뒤쪽에 잎을 달아서 장미꽃 장식을 만든다.
3. 몸판에 장미꽃 장식을 ⑫는 1개, ⑬은 3개 달아 준다.

※꽃잎과 잎 뜨는 법, 장미꽃 장식 만드는 법은 오른쪽 페이지 참조

티 코스터 만드는 법

⑫ 티 코스터A
🔵 표시 자리에 장미꽃 장식을 단다

⑬ 티 코스터B
🔵·⚫ 표시가 있는 3군데에 장미꽃 장식을 단다

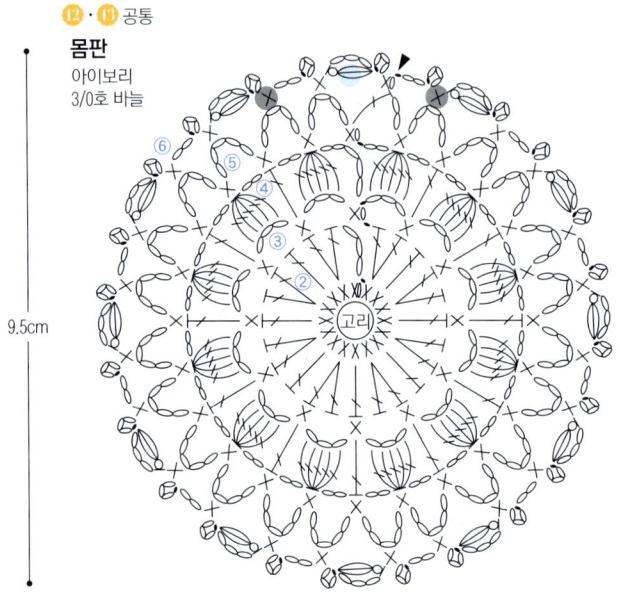

몸판
아이보리
3/0호 바늘
9.5cm
⑫·⑬ 공통

14 티 코지 Photo ● p.41

준비물

실 올림푸스 수플레〈굵은 실〉 아이보리(202) 62g,
수플레〈가는 실〉 꽃분홍(106) 8g, 초록(104) 4g
바늘 코바늘 3/0, 4/0, 5/0호
완성 치수 밑둘레 38cm×깊이 21cm

만드는 순서

1. 몸판을 뜬다(p.84 참조). 기초코로 사슬 84코를 잡고, 바늘을 바꿔서 치수를 조정하며 앞뒤를 번갈아 보고 뜬다. 셋째 단에서 열째 단까지 손잡이 구멍을, 넷째 단부터 아홉째 단까지 주둥이 구멍을 낸다. p.85의 몸판 뜨는 법을 참고하여 바늘 굵기에 주의하며 뜬다.
2. 무늬뜨기에 이어서 위에 가장자리뜨기a를 한다. 새로 실을 잇고 주둥이 구멍에서 코를 주워 가장자리뜨기b, 기초코와 손잡이 구멍에 가장자리뜨기c를 한다.
3. 꽃잎과 잎을 정해진 장수만큼 뜬다. 꽃잎은 뜨개코 겉이 안쪽이 되도록 감아서 꽃 모양을 만들고 기초코 쪽을 꿰맨다. 뒤쪽에 잎을 달아서 장미꽃 장식을 만든다.
4. 가장자리뜨기a의 첫째 단에 끈을 끼우고 끈 양쪽 끝에 잎을 달아 준다. 몸판에 장미꽃 장식을 단다.

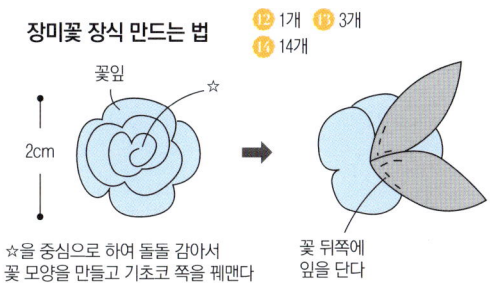

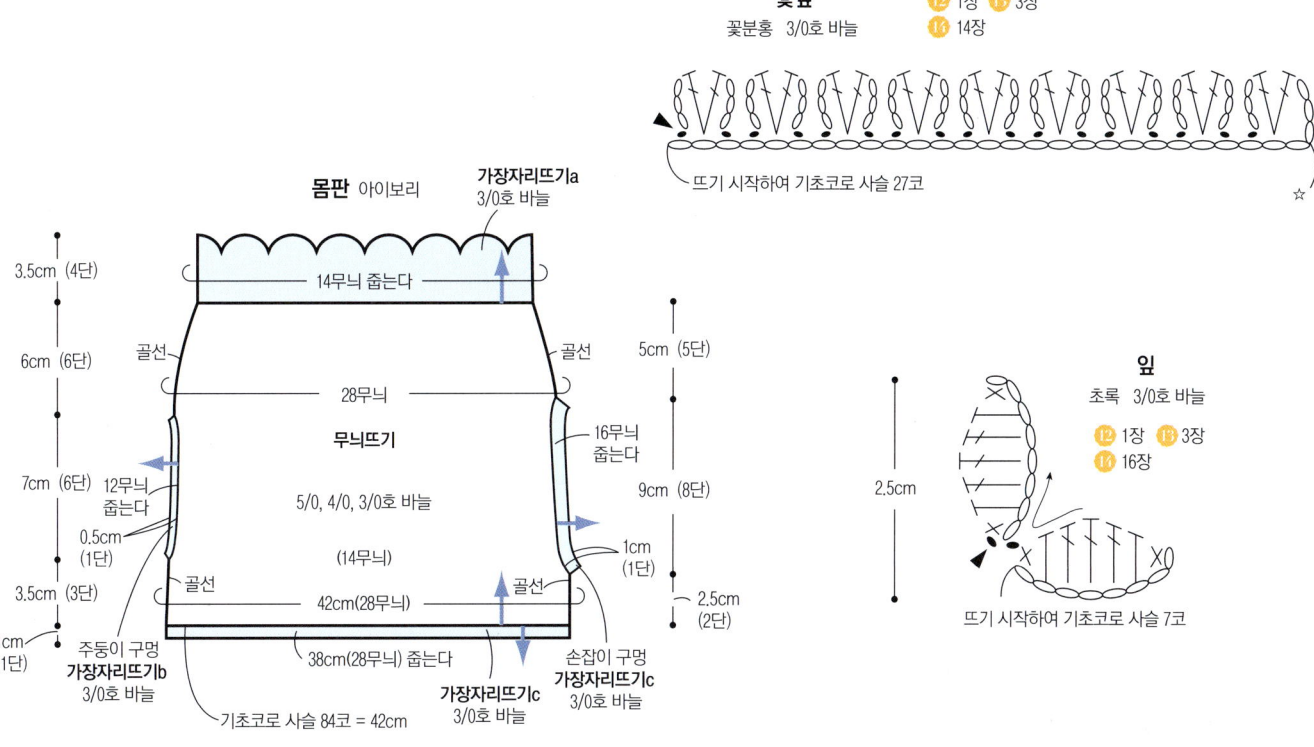

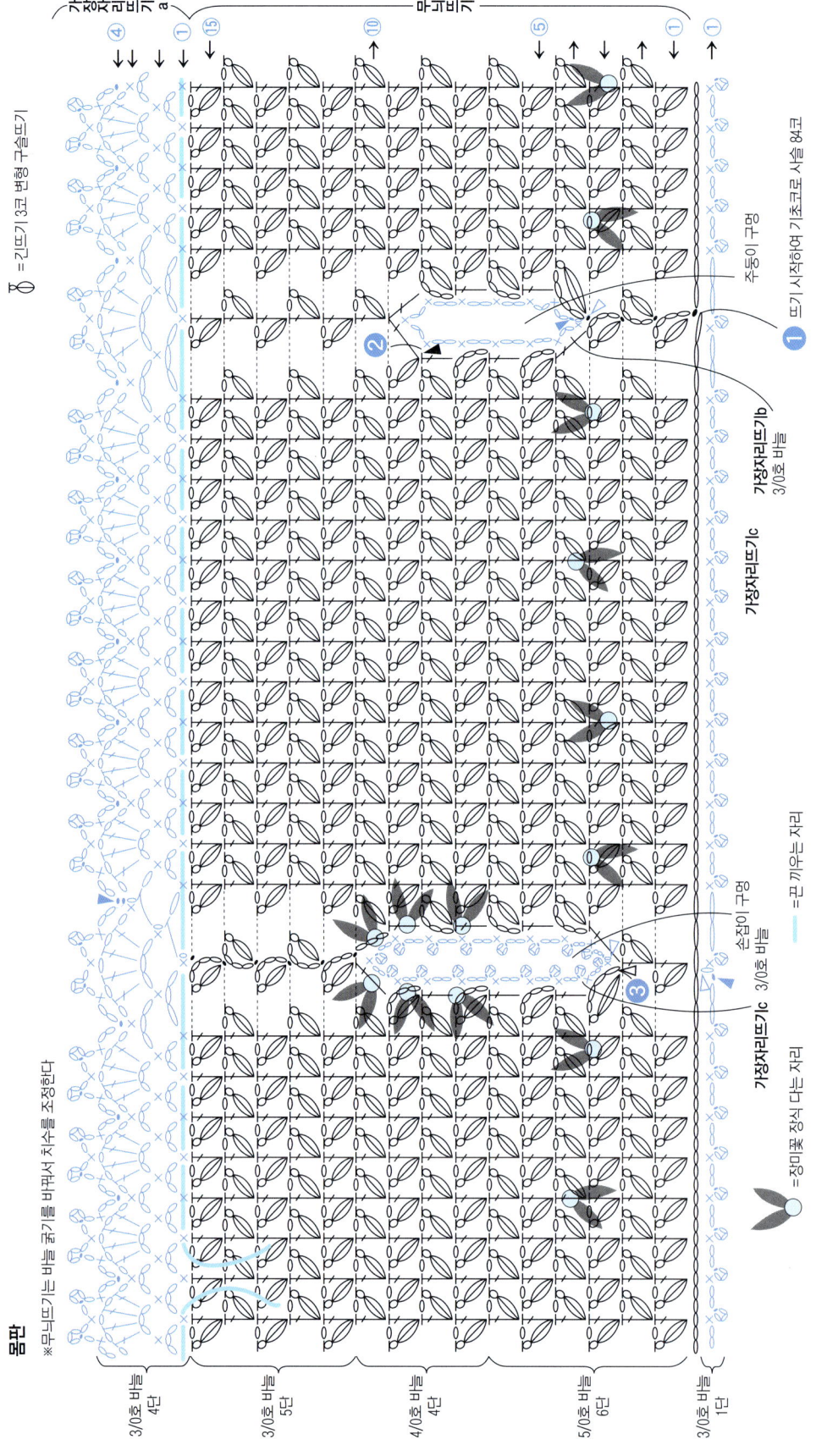

몸판 뜨는 법

1. 뜨기 시작하여 2단은 원통 모양을 왕복뜨기로 뜬다
   다음 6단은 구멍을 만들면서 왕복하여 뜬다
2. 실을 자른다
3. 둘째 단에 실을 이어서, 구멍을 만들며 8단을 왕복하여 뜬다
   열한째 단부터는 원통 모양을 왕복뜨기로 뜬다

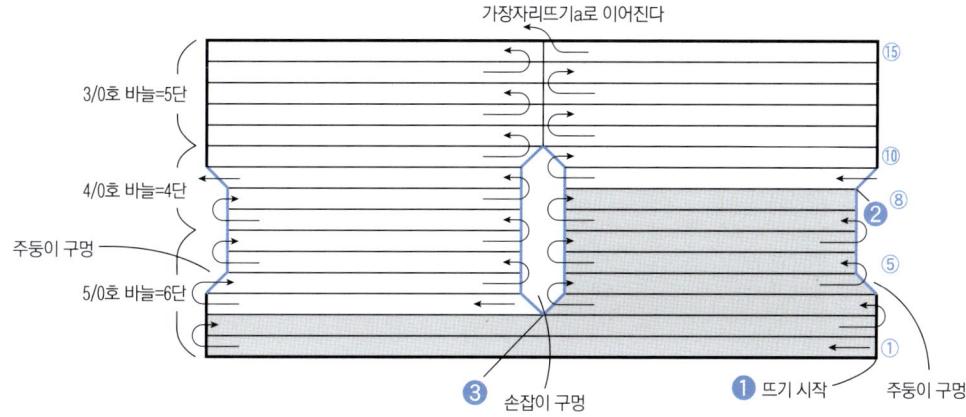

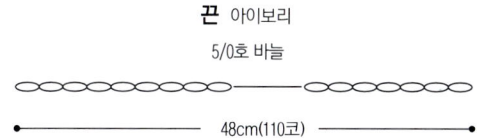

끈 아이보리
5/0호 바늘
48cm(110코)

마무리하기

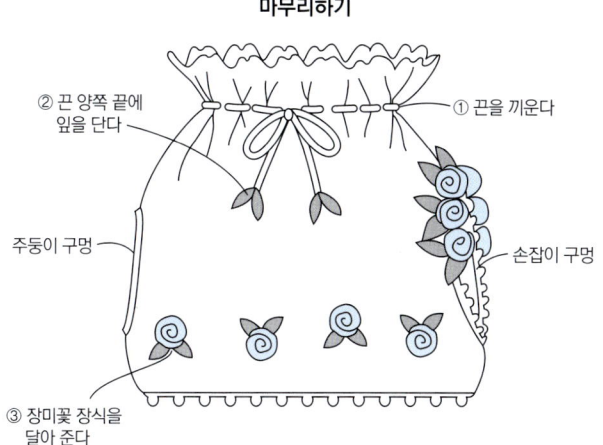

15 다용도 커버 Photo • p.42~43

준비물

실 올림푸스 에미 그란데 분홍(123) 27g, 진한 분홍(160) 6g,
에미 그란데〈허브스〉모래색(814) 5g
바늘 레이스용 코바늘 0호
완성 치수 32cm×32cm

만드는 순서

1. 몸판 가운데 꽃을 먼저 뜬다. 진한 분홍 실로 원형코를 만들어 뜨기 시작하며 다섯째 단 빼뜨기는 사슬뜨기로 바꾼다.
2. 몸판 가운데 꽃에서 코를 주워서 몸판 무늬뜨기를 한다. 분홍 실로 16단을 뜬다.
3. 잎 모티브a, b를 몸판에 떠 준다. 잎은 기초코로 사슬 6코를 모래색으로 잡아서 뜬다. a, b는 여섯째 단까지는 똑같이 뜨고 일곱째 단에서 대칭이 되도록 몸판에 잇는다.
4. 꽃 모티브를 잎a, b와 몸판에 떠 준다. 잎a와 잎b 사이에 진한 분홍으로 꽃을 뜬다.

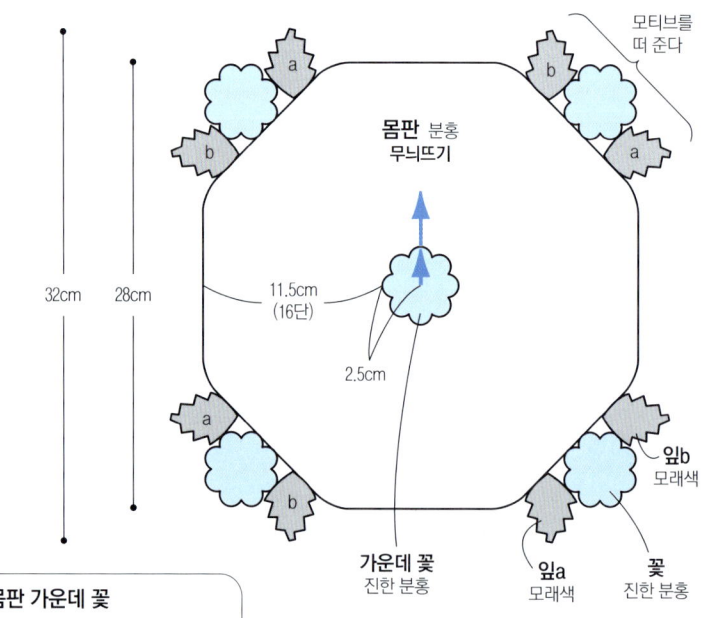

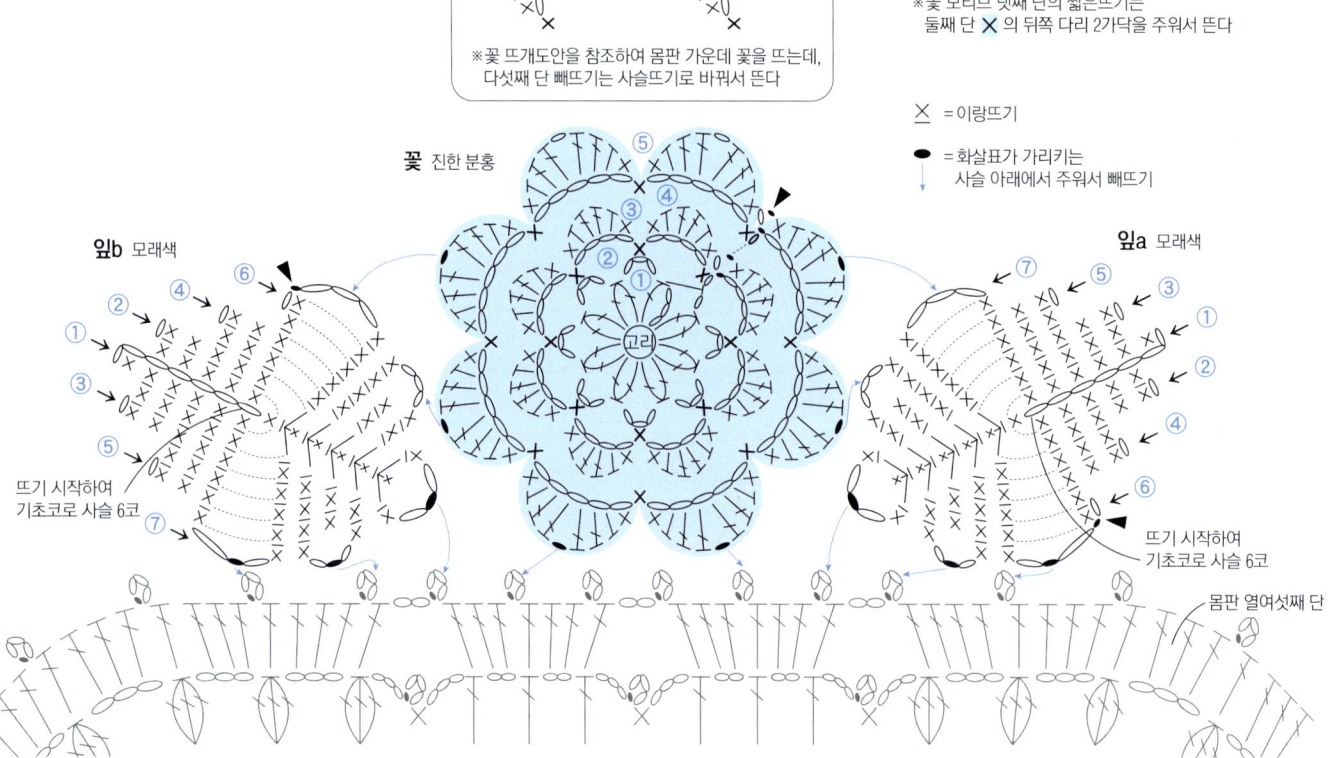

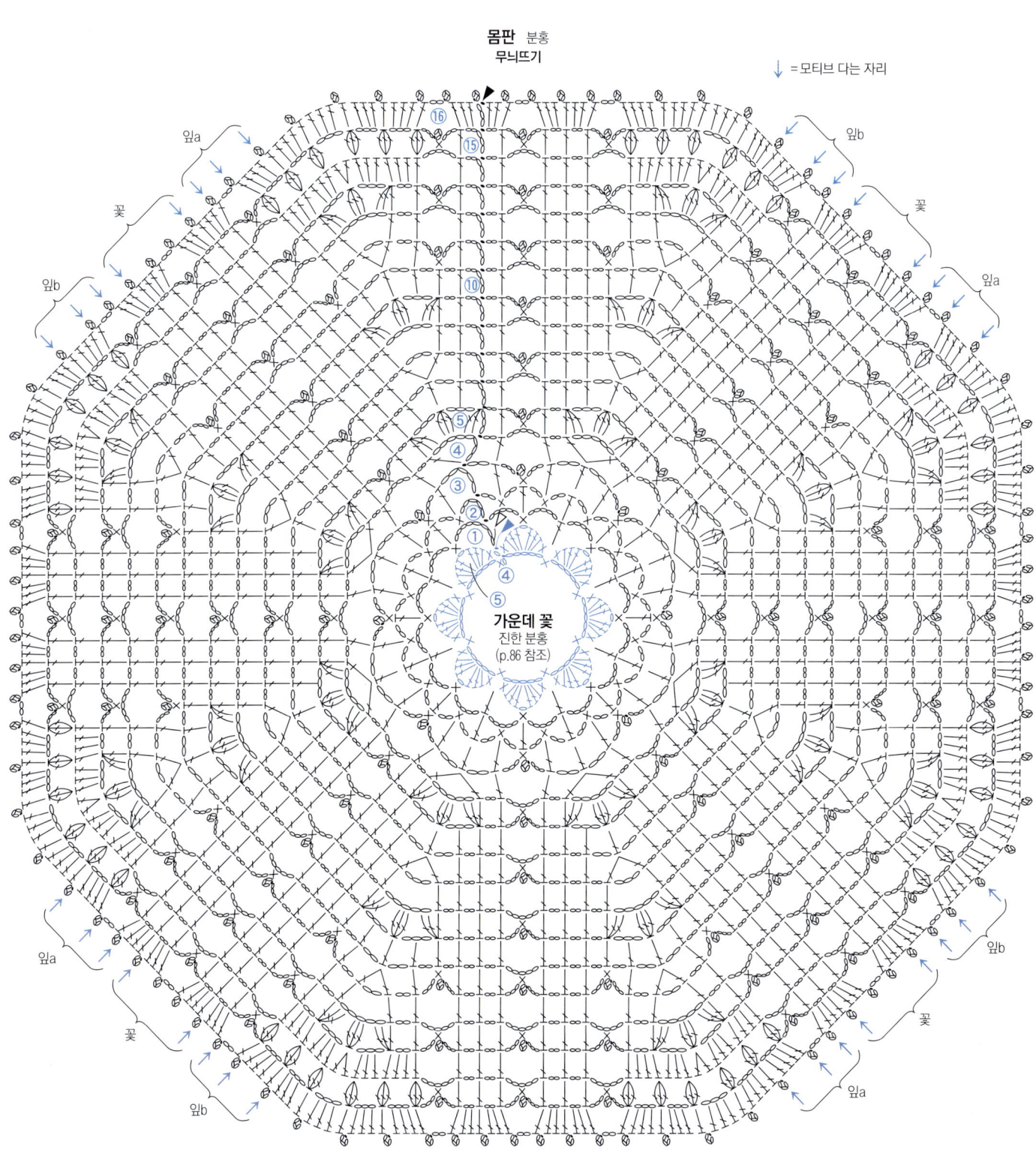

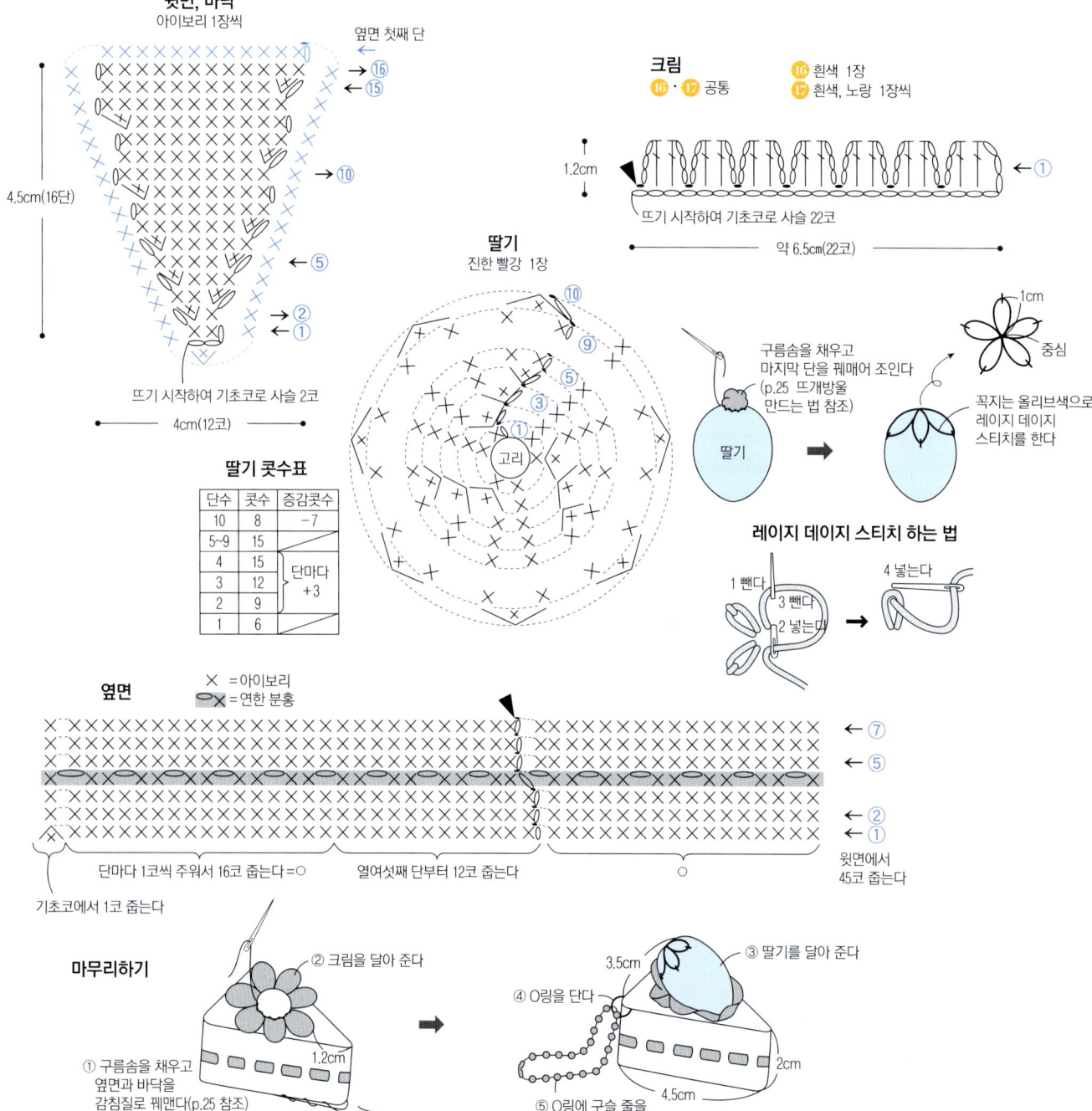

17 타르트 열쇠고리 Photo • p.44

◇ 준비물 ◇

실 다루마 고마키 Cafe데미 갈색(12) 3g, 아이보리(9) 2g, 노랑(5), 올리브색(15), 흑갈색(25), 진한 빨강(26), 흰색(29) 조금씩
기타 구슬 줄 골드 1개, O링 골드(5mm) 1개, 구름솜 적당히, 접착제 적당히
바늘 코바늘 3/0호
완성 치수 그림 참조

◇ 만드는 순서 ◇

1. 타르트지를 떠서 아홉째 단에 흑갈색 실 2겹으로 프렌치 노트 스티치를 한다.
2. 키위를 2장 떠서 반으로 접어 안쪽 반코를 감싸서 잇고(p.25 참조) 프렌치 노트 스티치를 한다.
3. 버찌를 뜨고, 흑갈색 실을 끼워서 실 끝을 한 번 묶어 줄기를 만든다. 구름솜을 채우고 마지막 단을 꿰매어 조인다(p.25 참조).
4. 크림을 흰색과 노랑으로 1장씩 뜬다.
5. 타르트지 바닥에 접착제를 바르고 각 부분을 붙인다.
6. 뒤쪽에 연결고리인 O링을 달고 구슬 줄을 끼운다.

타르트지 콧수표

단수	콧수	증가콧수
10~11	42	
9	42	+6
7~8	36	
6	36	
5	30	단마다 +6
4	24	
3	18	
2	12	
1	6	

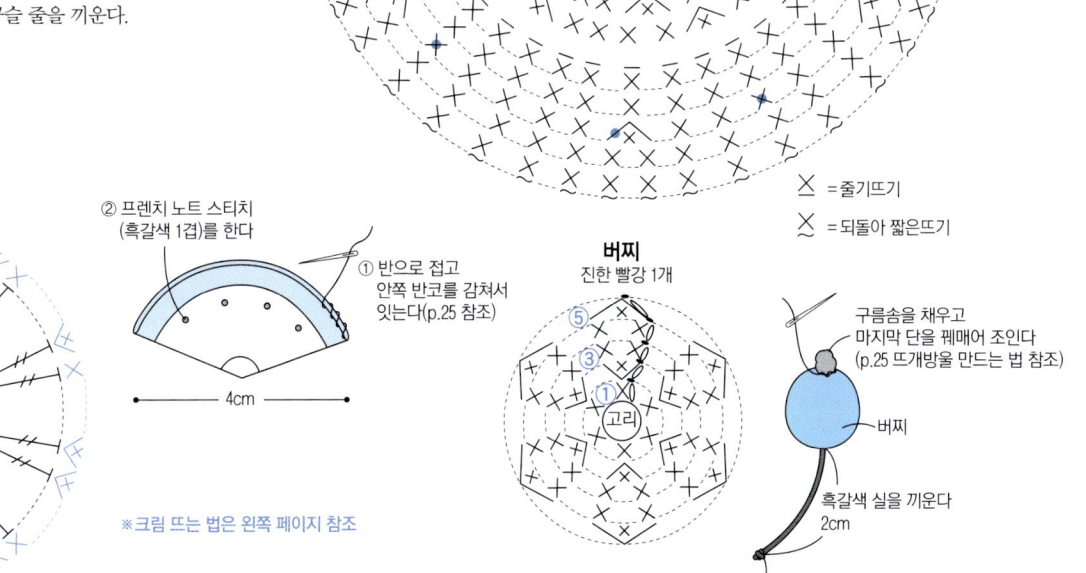

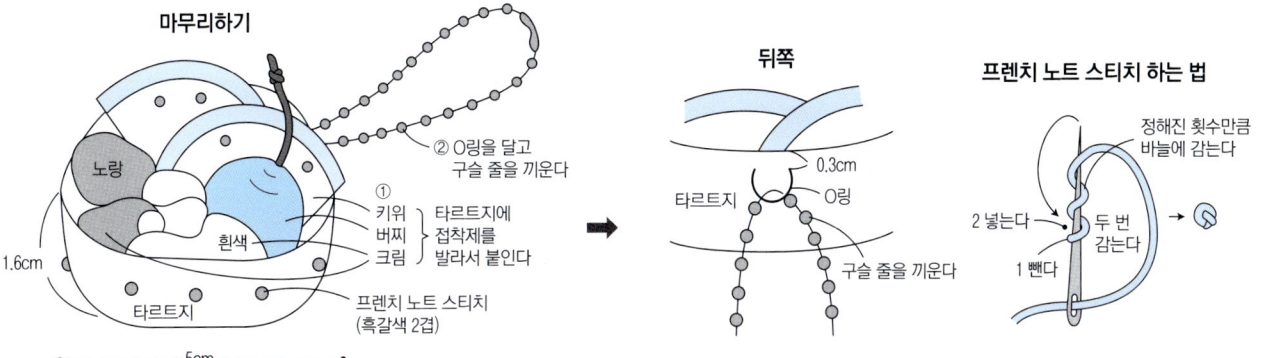

⑱ 컵 아이스크림 핀쿠션 Photo•p.45

준비물

실 올림푸스 코튼 노비아〈바리에〉베이지(3) 6g, 연한 분홍(5) 5g, 꽃분홍(10) 4g, 흰색(1) 빨강(11) 조금씩
기타 두꺼운 종이(지름 4.5mm) 2장, 두꺼운 종이(15.5cm×3cm) 1장, 구름솜 적당히, 양면테이프 적당히
바늘 코바늘 5/0, 7/0호
완성 치수 그림 참조

만드는 순서

1. 아이스크림, 컵, 딸기, 휘핑크림을 뜬다.
2. 아이스크림은 도안을 참조하여 만든다. 딸기는 구름솜을 채우고 마지막 단을 꿰매어 조인다(p.25 참조).
3. 컵 바닥과 옆면에 두꺼운 종이를 넣고 양면테이프로 붙인 뒤에 구름솜을 채운다.
4. 아이스크림과 컵 사이에 두꺼운 종이를 끼우고 감쳐서 잇는다.
5. 아이스크림 꼭대기에 딸기를 꿰매고, 그 둘레에 휘핑크림을 꿰맨다.

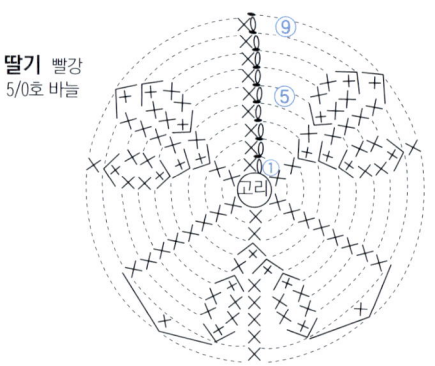

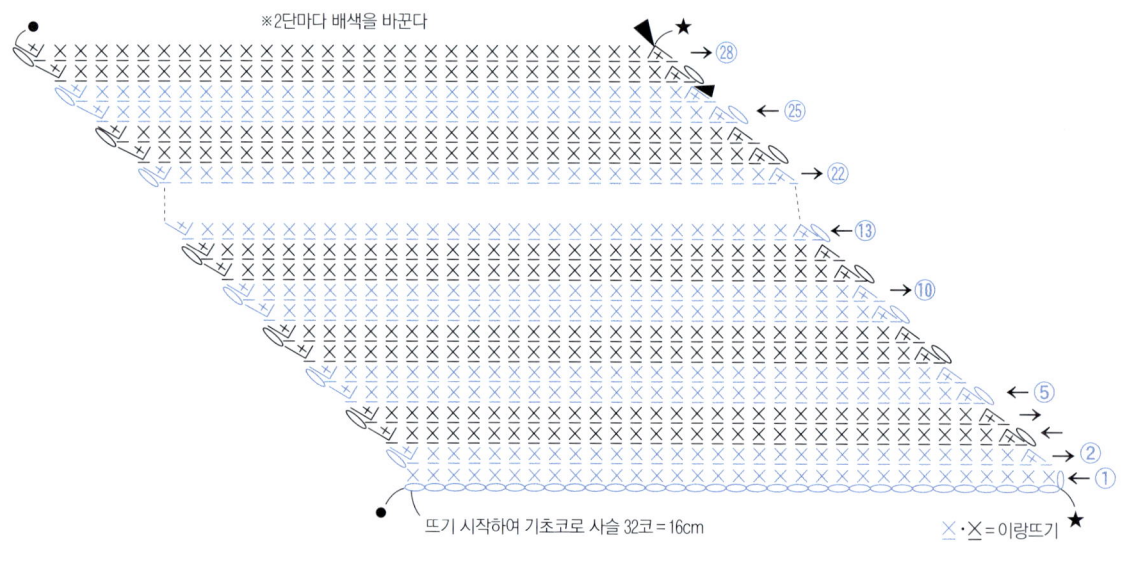

딸기 콧수표

단수	콧수	증감콧수
9	8	−4
8	12	−6
7	18	
6	18	
5	18	+6
4	12	+3
3	9	+3
2	6	
1	6	

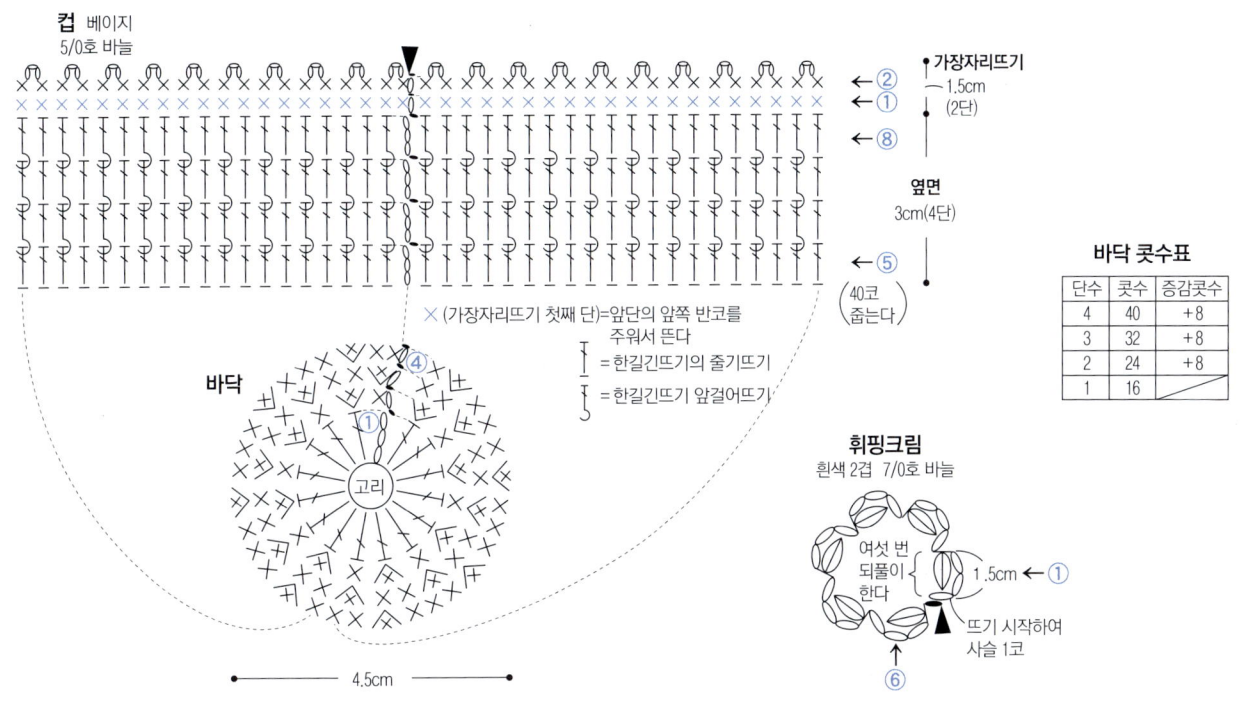

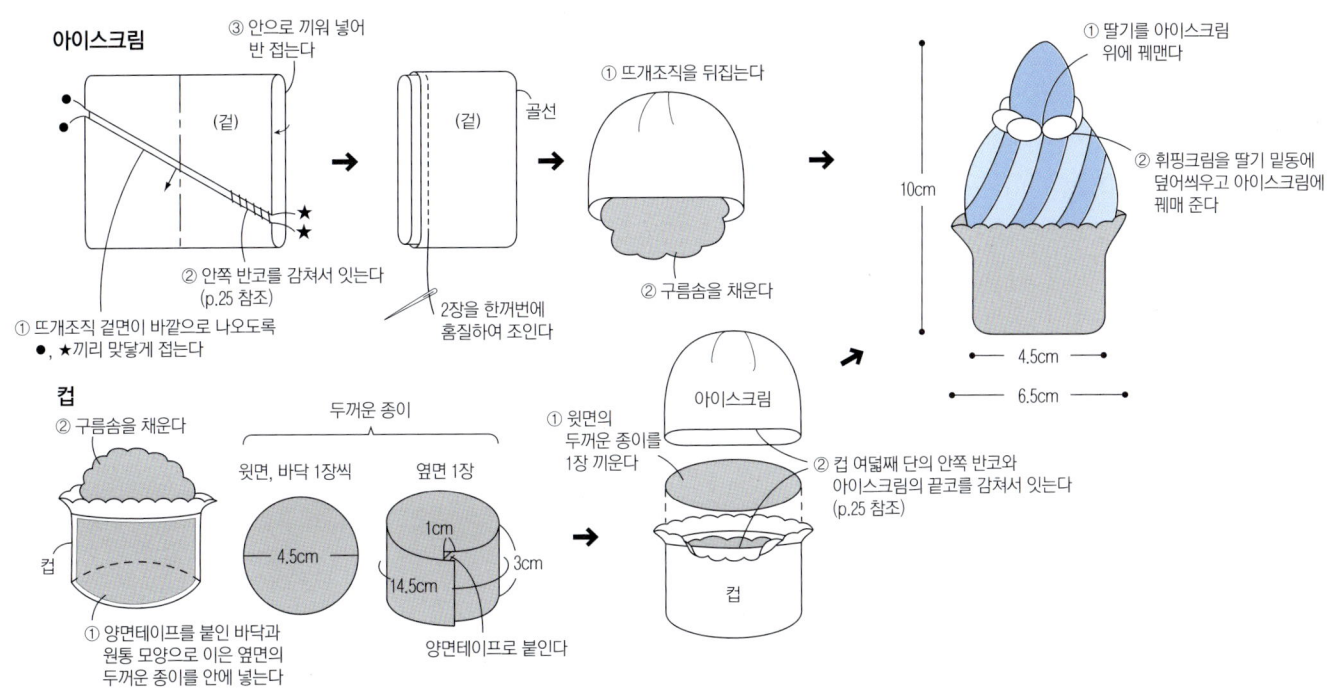

⑲ 사과 소품함 Photo • p.46

준비물

실 하마나카 아마사(리넨) 빨강(7) 47g,
초록(9) 흑갈색(10) 조금씩
바늘 코바늘 5/0호
완성 치수 그림 참조

만드는 순서

1 함과 뚜껑은 실로 원형코를 만들어서 뜨기 시작하고, 짧은뜨기로 중간에 코를 늘리면서 뜬다. 뚜껑 열여덟째 단은 되돌아 짧은뜨기를 한다.
2 줄기와 잎을 떠서 뚜껑 가운데에 달아 준다(줄기는 반으로 접어서 단다).

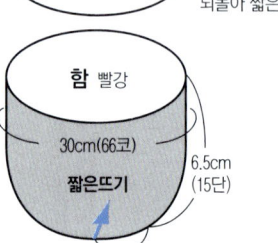

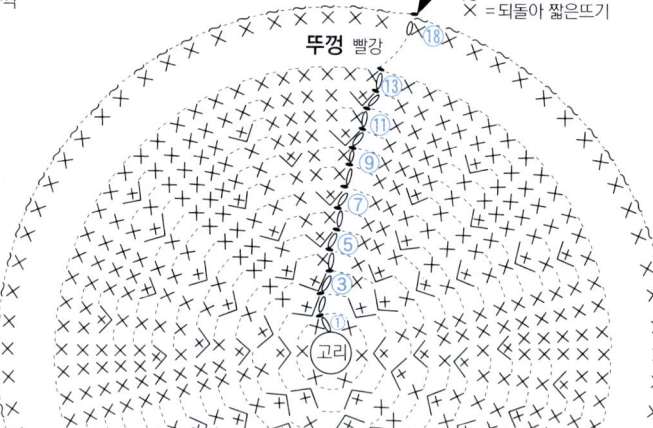

뚜껑 콧수표

단수	콧수	증감콧수
13~18	72	
12	72	
11	66	단마다 +6
10	60	
9	54	
8	48	
7	42	
6	36	
5	30	
4	24	
3	18	
2	12	
1	6	

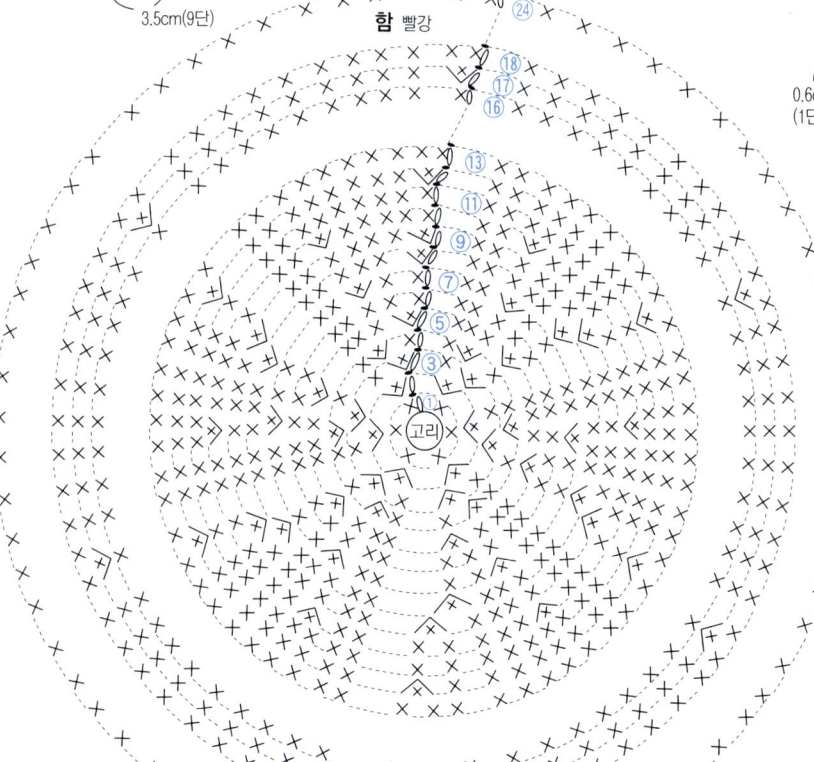

함 콧수표

단수	콧수	증감콧수
18~24	66	
17	66	+6
13~16	60	
12	60	+6
11	54	
10	54	단마다 +6
9	48	
8	42	
7	36	
6	30	
5	30	단마다 +6
4	24	
3	18	
2	12	
1	6	

20 레몬 카드 케이스 Photo p.47

준비물
실 올림푸스 에미 그란데〈허브스〉크림색(560) 10g, 흰색(800) 3g
바늘 레이스용 코바늘 0호
게이지(가로 세로 각 10㎝) 무늬뜨기 31.5코 17.5단
완성 치수 가로 7.5㎝×세로 12.5㎝

만드는 순서
1. 레몬은 기초코로 사슬 6코를 뜨고, 빼뜨서 고리 상태로 만든 뒤에 뜨기 시작한다. 뜨개도안을 참조하여 코를 늘리고 색을 바꾸면서 6단을 뜬다. 이것을 3장 떠서, 마무리하기를 참조하여 3장을 조금씩 어긋나게 겹쳐서 꿰맨다. 둘레를 한 바퀴 돌아가며 짧은뜨기를 1단 한다.
2. 주머니는 기초코로 사슬 19코를 잡고 뜨개도안을 참조하여 무늬뜨기로 15단을 뜬다.
3. 레몬 뒤쪽에 주머니를 앞면이 위로 오게 놓은 뒤에 위쪽만 남기고 나머지 3변을 꿰맨다.

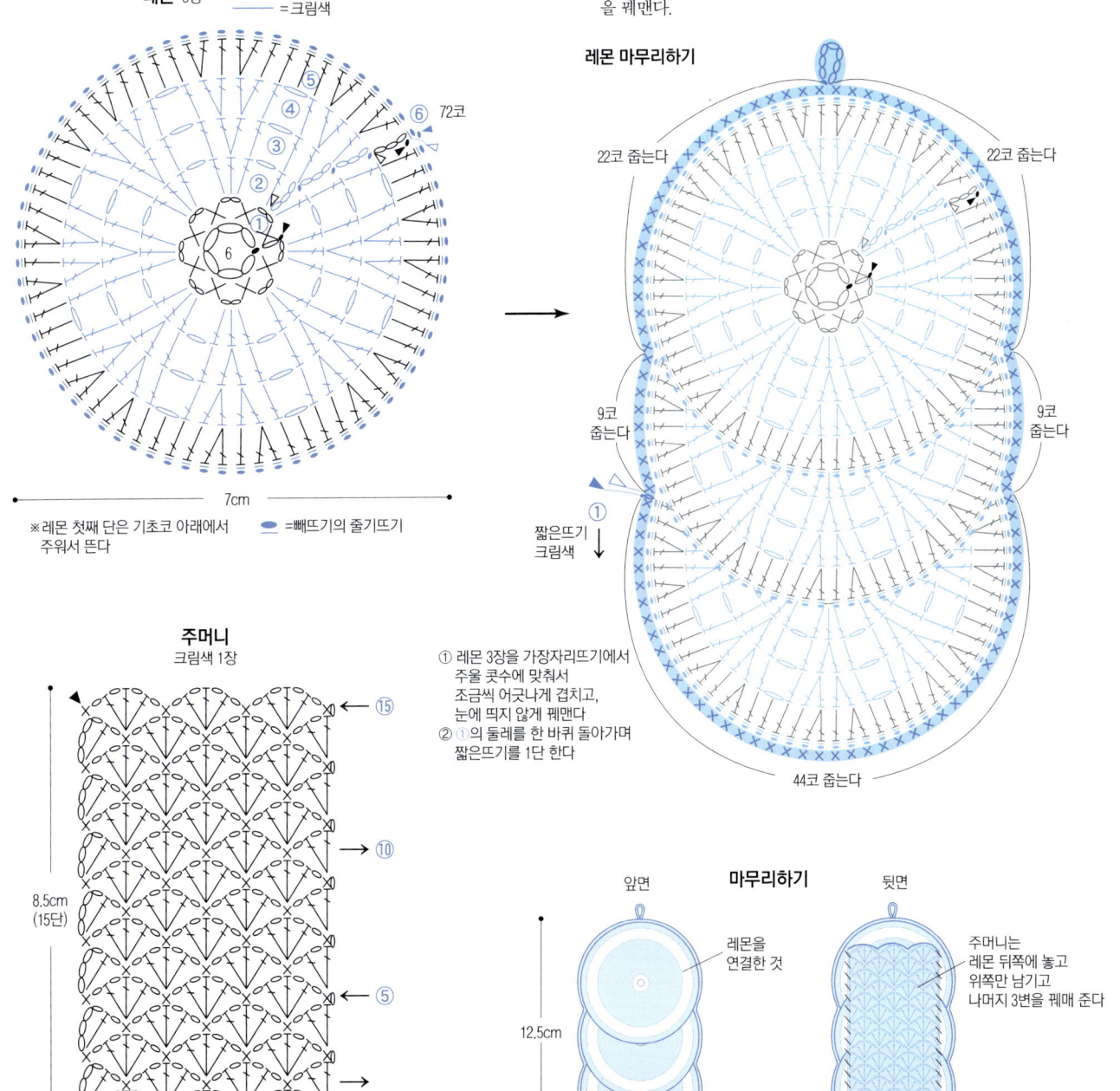

21 파인애플 조리개 주머니

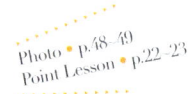

Photo • p.48~49
Point Lesson • p.22~23

◇ 준비물 ◇

실 하마나카 아마사〈리넨〉노랑(4) 150g, 초록(9) 50g
기타 구름솜 적당히
바늘 코바늘 5/0호
게이지 무늬뜨기 1무늬 3.4cm, 16단이 10cm
완성 치수 그림 참조

◇ 만드는 순서 ◇

1. 바닥은 실로 원형코를 만들어서 짧은뜨기로 코를 늘리며 17단을 뜬다(p.96 참조).
2. 옆면 첫째 단은 바닥 마지막 단에서 코를 주워서 뜨고, p.22~23을 참조하여 무늬뜨기를 26단 하고 실을 자른다.
3. 잎은 초록 실을 이어서 4단 뜬다. 넷째 단은 뜨개바탕 뒤를 보고 뜬다.
4. 뜨개방울을 2개 떠서 구름솜을 채우고 마지막 단을 꿰매어 조인다(p.25 참조).
5. 끈은 뜨개방울의 뜨기 시작에 초록 실을 이어서 사슬을 105코 뜨고, 몸판에 끼운 뒤에 뜨기 시작에 빼뜨서 고정한다.

마무리하기

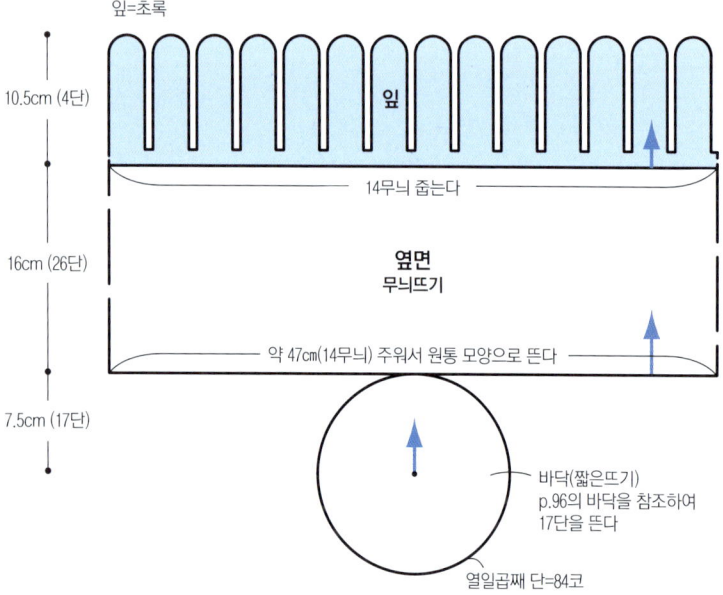

약 17cm

바닥=지름 15cm

끈 ※2줄 끼운다
① 뜨개방울의 뜨기 시작에 초록 실을 이어서 사슬을 105코(52cm) 뜨고 몸판에 끼운다
② 끈의 뜨기 시작에 빼뜨서 고정한다

바닥, 옆면=노랑
잎=초록

10.5cm (4단) 잎
14무늬 줍는다
16cm (26단) 옆면 무늬뜨기
약 47cm (14무늬) 주워서 원통 모양으로 뜬다
7.5cm (17단)
바닥(짧은뜨기) p.96의 바닥을 참조하여 17단을 뜬다
열일곱째 단=84코

뜨개방울 초록 2개

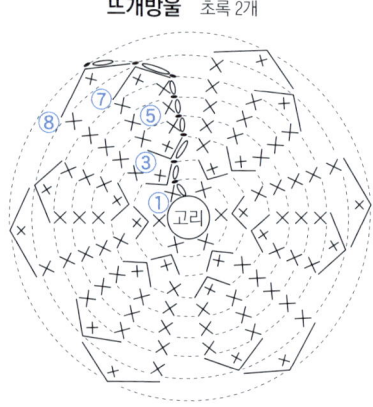

뜨개방울 콧수표

단수	콧수	증감콧수
8	6	-6
7	12	-6
6	18	
5	18	
4	18	
3	18	+6
2	12	+6
1	6	

구름솜을 채우고 마지막 단을 꿰매어 조인다
(p.25 뜨개방울 만드는 법 참조)

뜨개방울

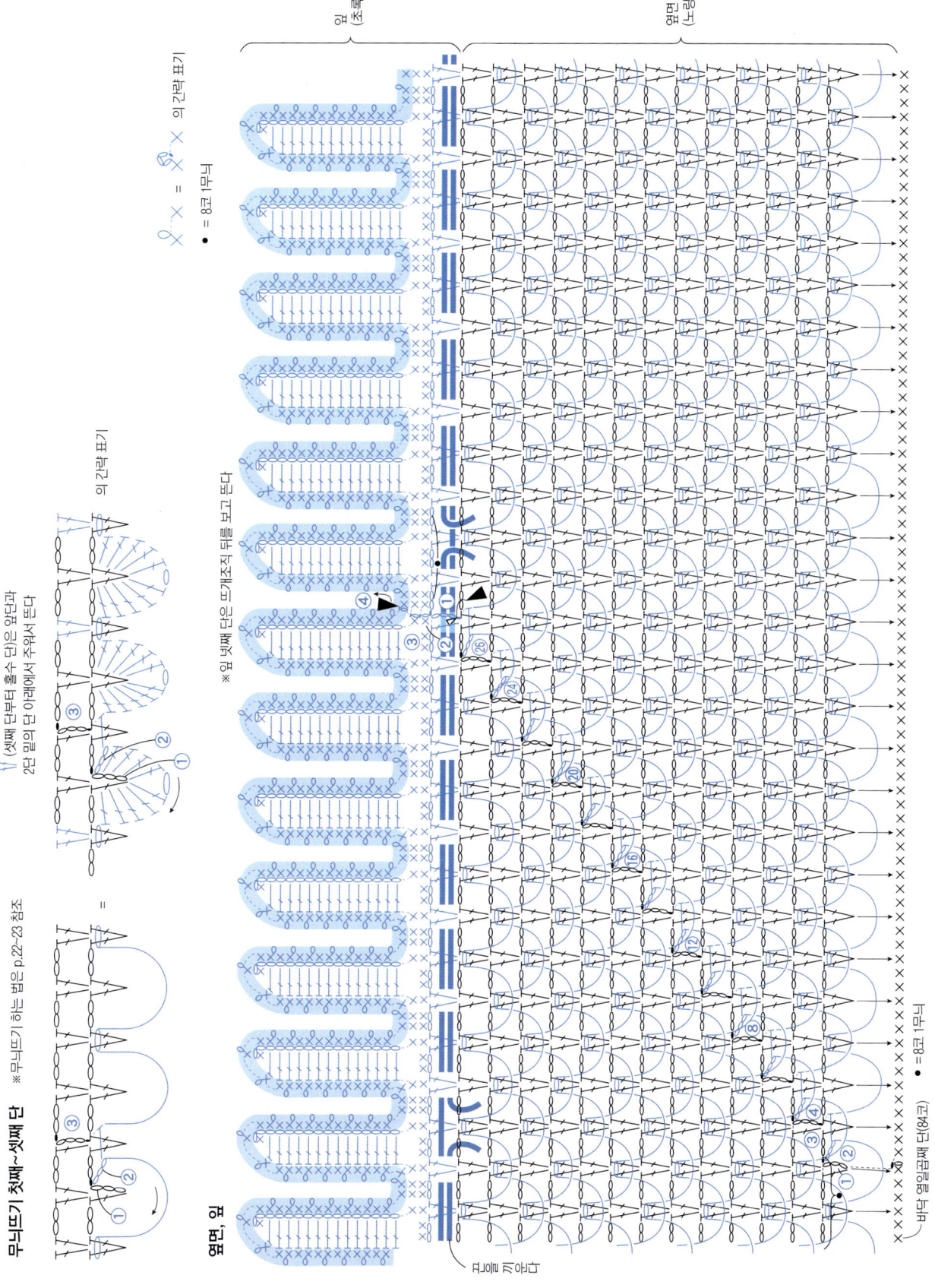

22 파인애플 페트병 케이스

Photo • p.48
Point Lesson • p.22~23

▶ **준비물**

- **실** 하마나카 아마사〈리넨〉노랑(4) 82g, 초록(9) 25g
- **기타** 우드 스트링벨 1개
- **바늘** 코바늘 5/0호
- **게이지** 무늬뜨기 1무늬 3.4㎝, 16단이 10㎝
- **완성 치수** 그림 참조

▶ **만드는 순서**

1. 바닥은 실로 원형코를 만들어서 짧은뜨기로 코를 늘리면서 7단을 뜬다.
2. 옆면 첫째 단은 바닥 마지막 단에서 코를 주워서 뜨고, p.22~23을 참조하여 무늬뜨기를 30단 하고 실을 자른다.
3. 잎은 초록 실을 이어서 4단 뜬다. 넷째 단은 뜨개조직의 뒤를 보고 뜬다.
4. 끈은 초록 실로 사슬 70코를 떠서 몸판에 끼운다. 끈의 양 끝을 모아서 스트링벨에 끼우고 끝을 한 번 묶는다.

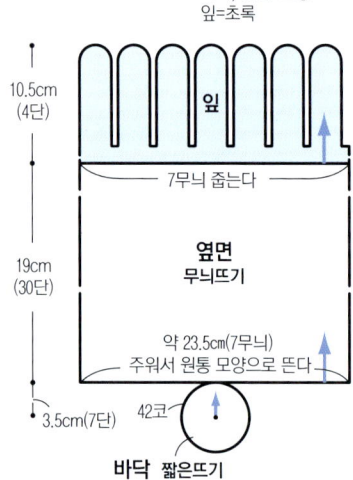

바닥, 옆면=노랑
잎=초록

10.5㎝ (4단) 잎
7무늬 줍는다
19㎝ (30단) 옆면 무늬뜨기
약 23.5㎝(7무늬) 주워서 원통 모양으로 뜬다
3.5㎝(7단) 42코
바닥 짧은뜨기

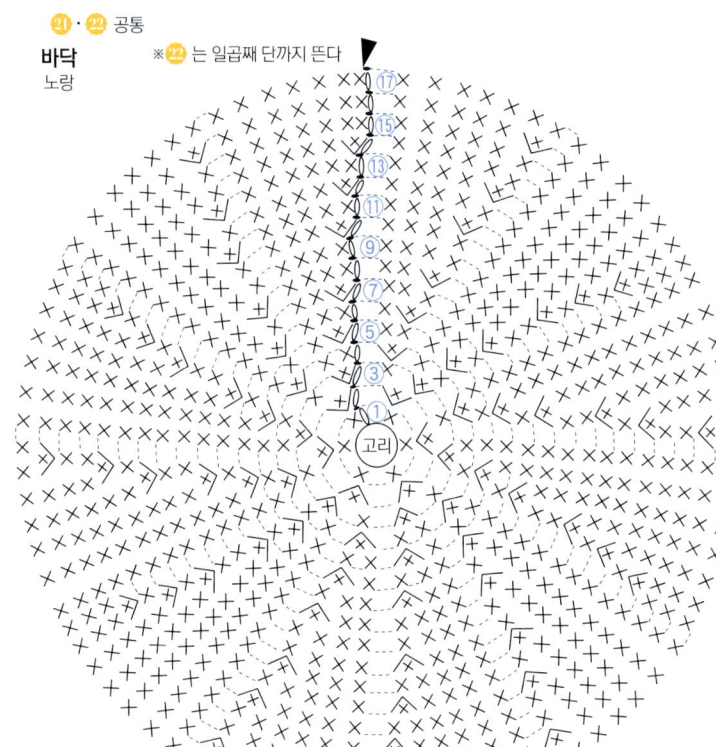

21 · 22 공통
바닥 노랑
※22 는 일곱째 단까지 뜬다

바닥 콧수표

단수	콧수	증감콧수
17	84	
16	84	+6
15	78	
14	78	
13	72	+6
12	66	
11	60	
10	54	
9	48	
8	48	
7	42	+6
6	36	
5	30	
4	24	
3	18	
2	12	
1	6	

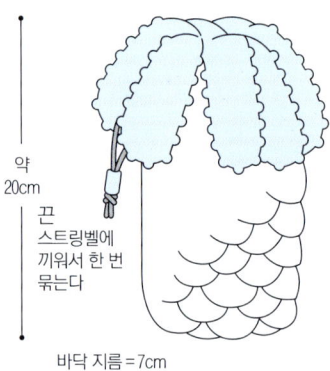

약 20㎝
끈 스트링벨에 끼워서 한 번 묶는다
바닥 지름=7㎝

끈 초록

35㎝ 사슬 70코

무늬뜨기 첫째~셋째 단

※무늬뜨기 하는 법은 p.22~23 참조

(셋째 단부터 홀수 단)은 앞단과 2단 밑의 단 아래에서 주워서 뜬다

옆면, 잎

※잎의 넷째 단은 뜨개조직 뒤를 보고 뜬다

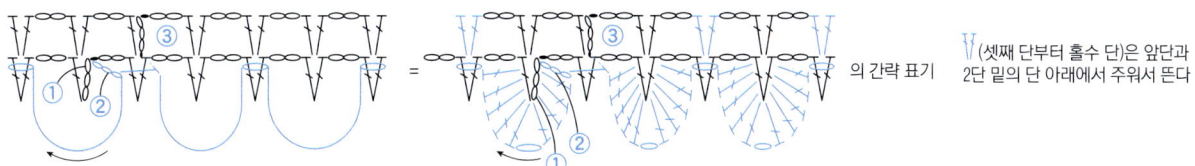

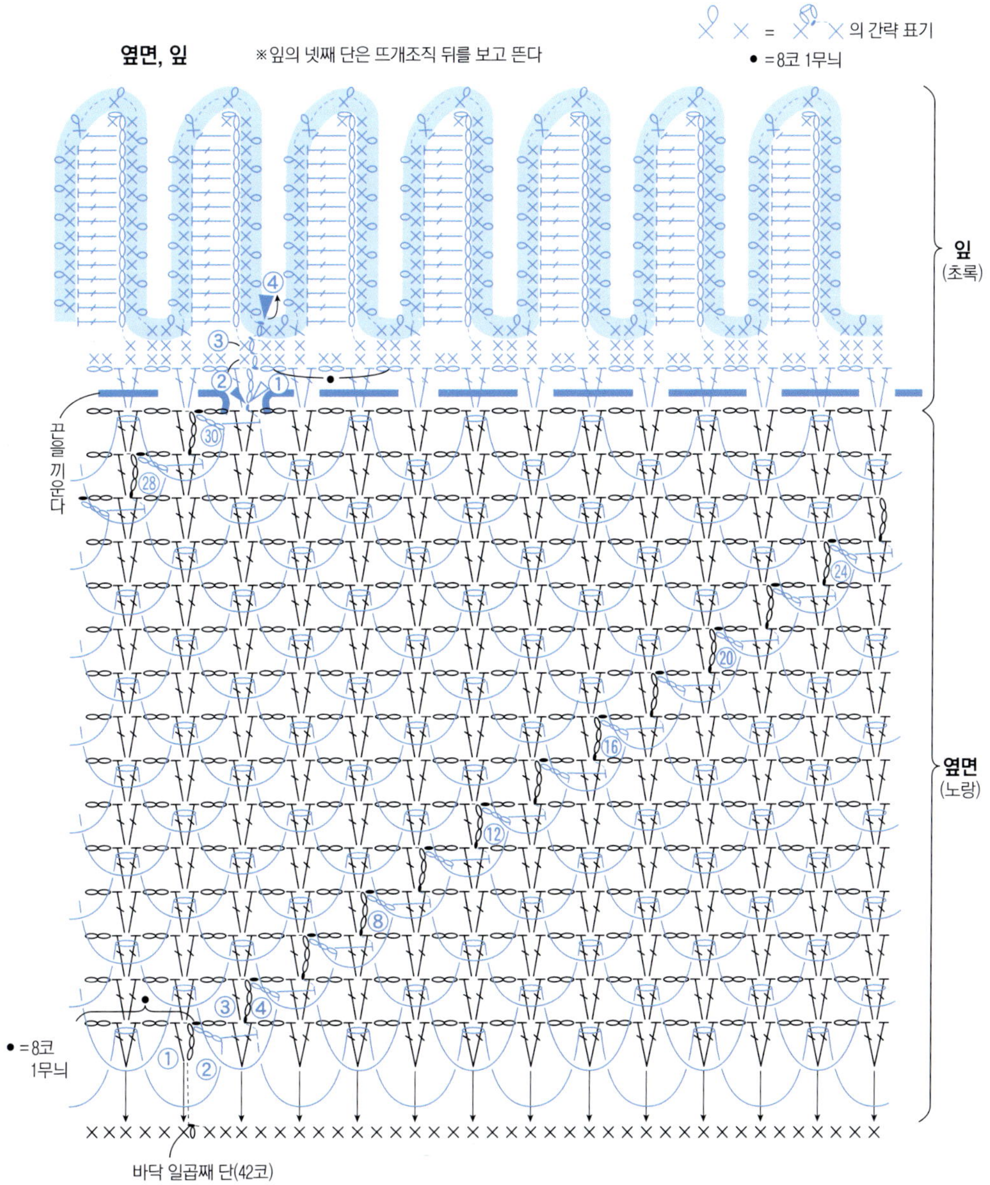

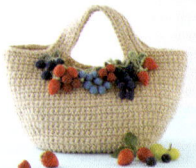

23 과일 장식 가방

Photo • p.50~51
Point Lesson • p.23

준비물

실 하마나카 코마코마 베이지(2) 210g,
티티 크로셰 남색(19) 7g, 빨강(8) 5g, 빨강(9) 초록(24) 4g씩,
워시 코튼〈크로셰〉 초록(108) 7g, 파랑(110) 3g

기타 구름솜 적당히

바늘 코바늘 2/0, 8/0호

게이지(가로 세로 각 10㎝) 짧은뜨기 12코 16.5단

완성 치수 너비 33㎝×깊이 22.5㎝(손잡이 제외)

만드는 순서

1 가방 몸판은 기초코로 사슬 10코를 잡아서 뜨기 시작한다. 뜨개도안을 참조하여 원통 모양을 왕복뜨기로 30단까지 뜬다. ♥부분(그림 참조)은 실을 이어서 3단 뜨고, 계속하여 사슬을 30코 떠서 손잡이 바탕을 만든다. 실을 이어서 입구와 손잡이를 연결하여 4단 뜬다. 손잡이 안쪽에 한 바퀴 돌아가며 가장자리뜨기를 1단 한다.

2 몸판 이외의 부분은 뜨개도안을 참조하여 뜬다. 포도와 블루베리는 열매와 잎을 필요한 장수만큼, 줄기를 1줄 뜬다. 도안을 참조하여 열매를 줄기에 달고, 잎에 줄기를 달아 준다. 딸기, 라즈베리, 블랙베리는 제각기 각 부분을 필요한 개수만큼 뜨고, 줄기는 열매에 초록 실(108)을 이어서 뜬다(마무리용으로 뜨기 끝의 실을 10㎝쯤 남겨 둔다).

3 딸기는 줄기를 꼭지의 고리에 끼우고, 마무리하기를 참조하여 잎에 줄기를 달아 준다(p.23참조).

4 라즈베리, 블랙베리는 마무리하기를 참조하여 잎에 줄기를 달아 준다.

5 각각 다 만든 과일을 마무리하기를 참조하여 몸판에 고루 달아 준다.

포도 열매

남색 12개
2/0호 바늘

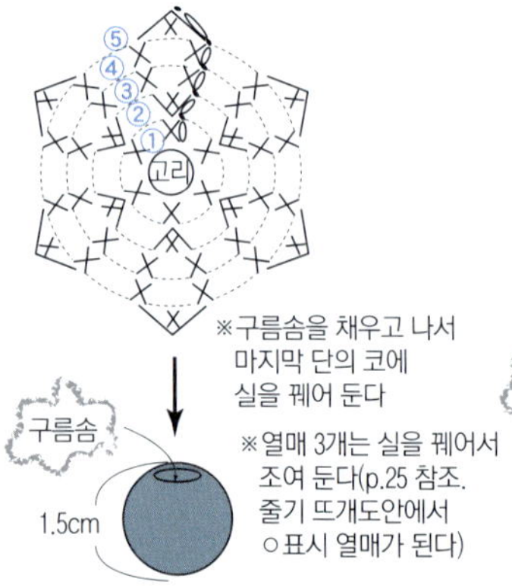
⑤
④
③
②
①
고리
※구름솜을 채우고 나서
마지막 단의 코에
실을 꿰어 둔다
구름솜
※열매 3개는 실을 꿰어서
조여 둔다(p.25 참조.
줄기 뜨개도안에서
○표시 열매가 된다)
1.5cm

블루베리 열매

파랑 8개
2/0호 바늘

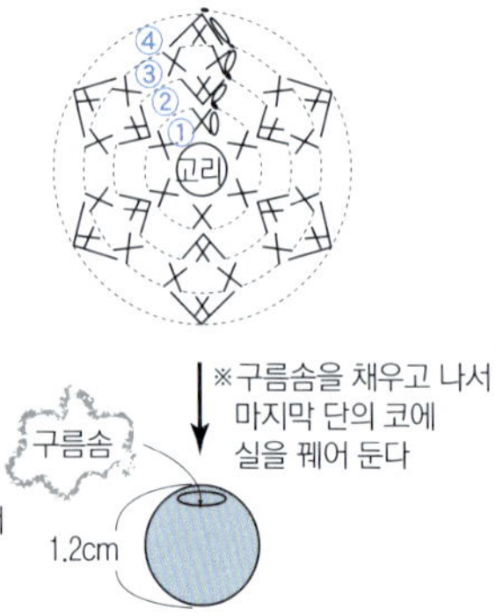
④
③
②
①
고리
※구름솜을 채우고 나서
마지막 단의 코에
실을 꿰어 둔다
구름솜
1.2cm

딸기 열매

빨강(8) 5개
2/0호 바늘

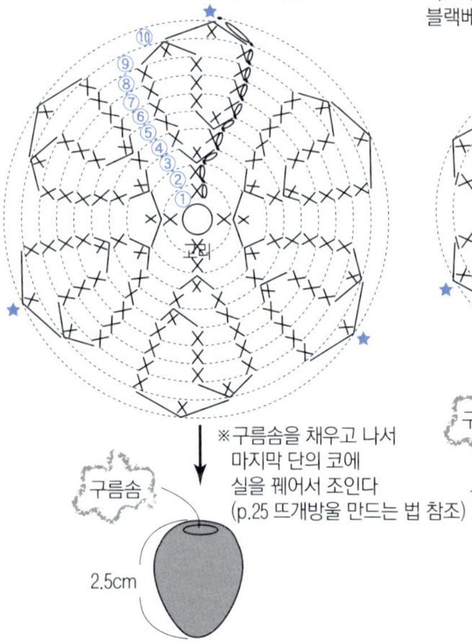
⑩
⑨
⑧
⑦
⑥
⑤
④
③
②
①
고리
※구름솜을 채우고 나서
마지막 단의 코에
실을 꿰어서 조인다
(p.25 뜨개방울 만드는 법 참조)
구름솜
2.5cm

라즈베리, 블랙베리 열매

라즈베리 빨강(9) 6개 2/0호 바늘
블랙베리 남색 4개 2/0호 바늘

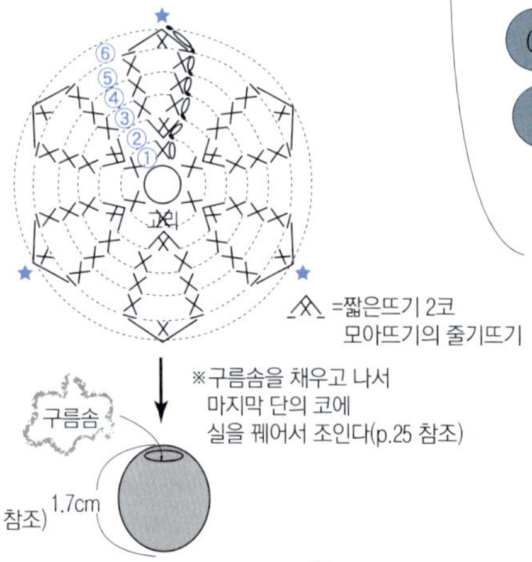
⑥
⑤
④
③
②
①
고리
=짧은뜨기 2코
모아뜨기의 줄기뜨기
※구름솜을 채우고 나서
마지막 단의 코에
실을 꿰어서 조인다(p.25 참조)
구름솜
1.7cm

포도 줄기

초록(108) 1줄
2/0호 바늘

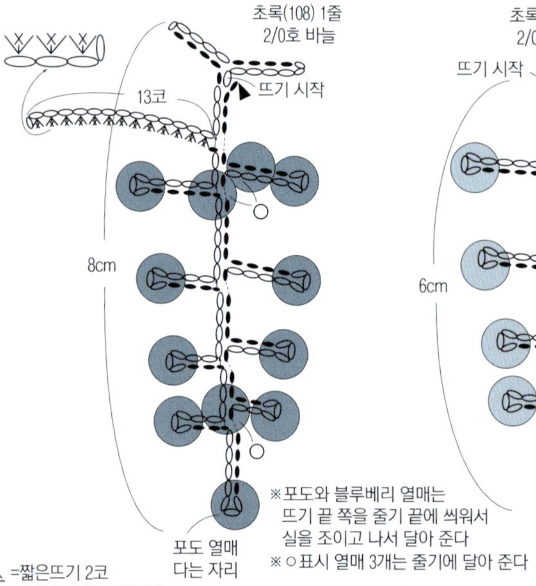
13코
뜨기 시작
8cm
포도 열매
다는 자리
※포도와 블루베리 열매는
뜨기 끝 쪽을 줄기 끝에 씌워서
실을 조이고 나서 달아 준다
※○표시 열매 3개는 줄기에 달아 준다

블루베리 줄기

초록(24) 1줄
2/0호 바늘

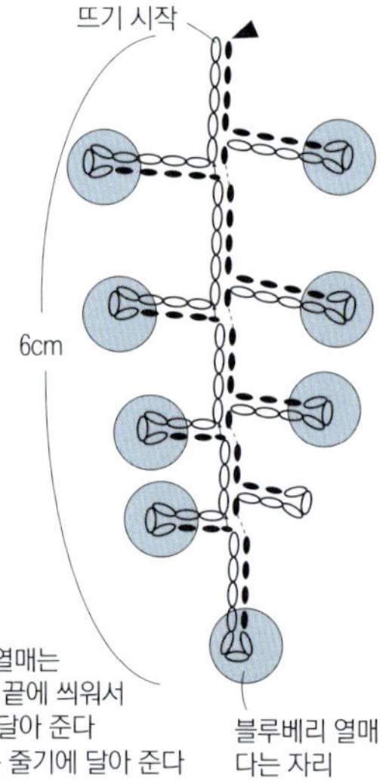
뜨기 시작
6cm
블루베리 열매
다는 자리

딸기, 라즈베리, 블랙베리 줄기 뜨는 법

초록(108)
2/0호 바늘

줄기 콧수표

	콧수	개수
딸기	6코	2개
	7코	1개
	10코	2개
라즈베리	3코	2개
	4코	2개
	5코	2개
블랙베리	3코	1개
	5코	1개
	6코	1개
	10코	1개

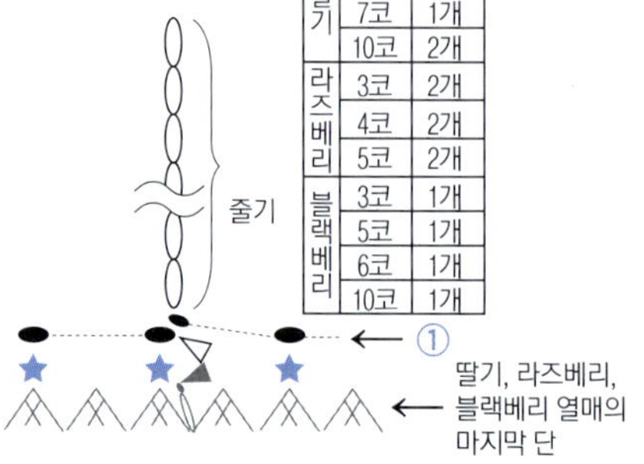
줄기
①
딸기, 라즈베리,
블랙베리 열매의
마지막 단

※뜨는 법은 p.23 딸기 만드는 법의 2~4를 참조

① 열매 마지막 단에 줄기의 실을 잇고, 마지막 단 ★표시에 1코씩 빼뜨기를 한다

② 빼뜨기의 뜨기 끝에서 계속하여 줄기의 사슬을 정해진 콧수만큼 뜨고, 마무리용으로 실을 10㎝ 남기고 자른다

잎

초록(24) 포도, 라즈베리, 블랙베리 1장씩
초록(108) 딸기 2장, 블루베리 1장
2/0호 바늘

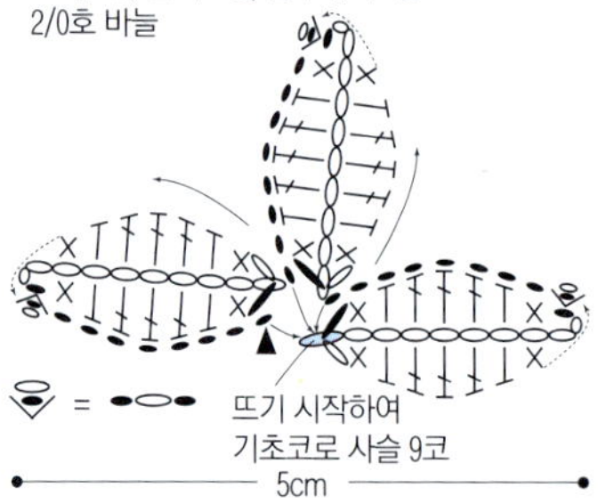
=
뜨기 시작하여
기초코로 사슬 9코
5cm

딸기 꼭지

초록(108) 5장
2/0호 바늘

※딸기 꼭지의 고리를
조일 때는 조금 느슨하게
조여 놓는다(나중에 고리에
줄기를 끼우기 위해)

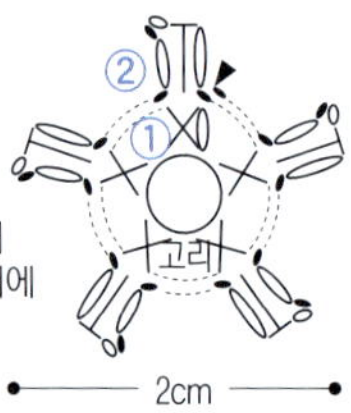
②
①
고리
2cm

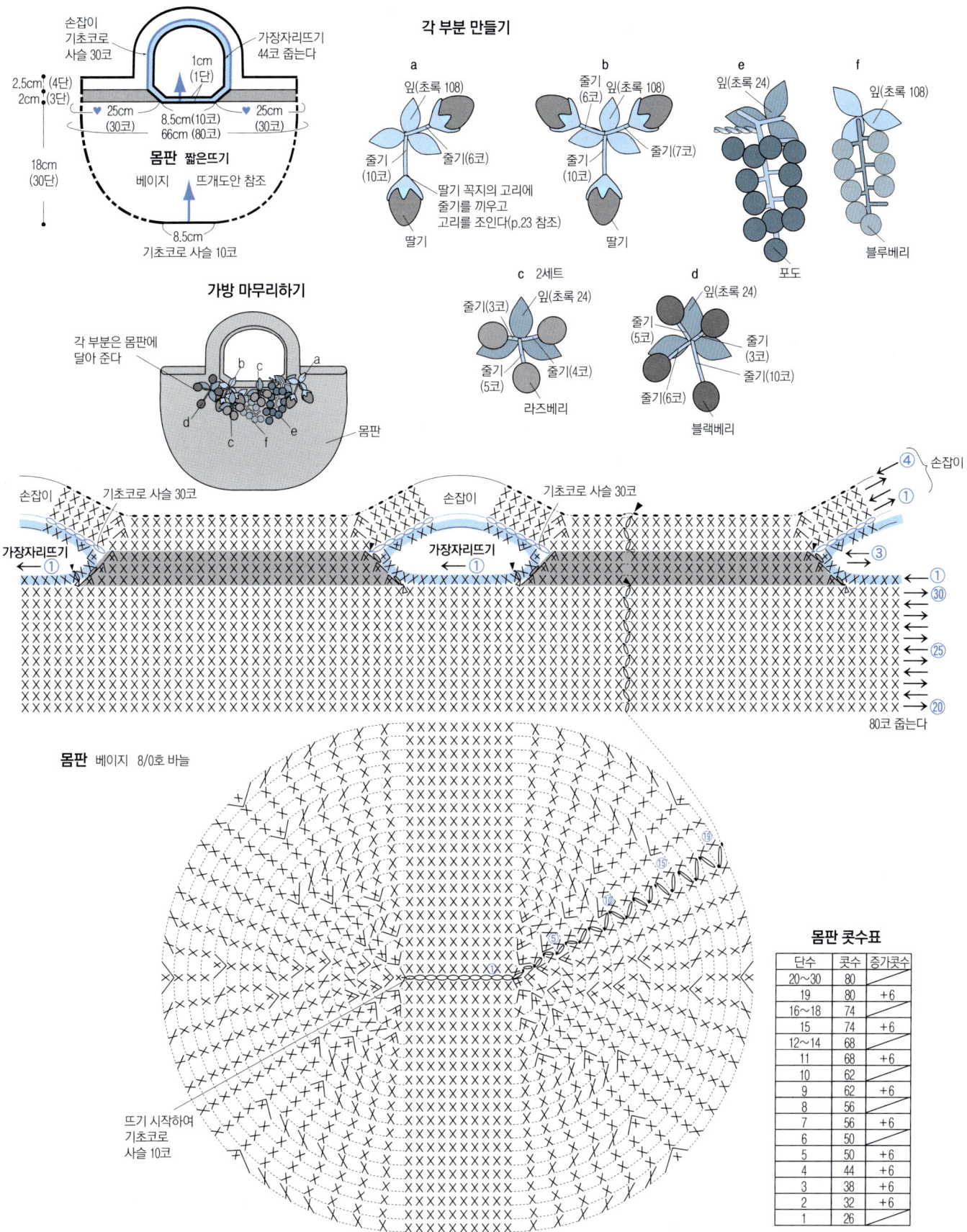

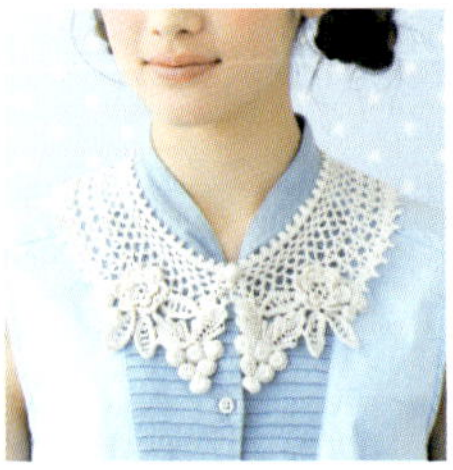

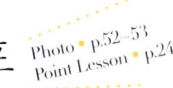

24 아이리시 크로셰 레이스 케이프

Photo • p.52~53
Point Lesson • p.24

준비물

실 올림푸스 에미 그란데 오프화이트(851) 23g
바늘 레이스용 코바늘 2호
완성 치수 그림 참조

만드는 순서

1 몸판은 기초코로 사슬 142코를 잡아서 무늬뜨기A로 6단을 뜨고, 좌우 5.5고리씩 쉬게 둔 후, 가운데 36고리에서 36무늬를 주워서 무늬뜨기B로 6단을 뜬다.
2 무늬뜨기A의 양 끝과 기초코 쪽에 가장자리뜨기를 하고 단춧고리를 떠 준다.
3 들장미를 2개, 열매(만드는 법 p.24 참조)를 16개, 잎a를 6장, 잎b를 4장, 단추(만드는 법 p.24 참조)를 1개 뜬다.
4 칼라 양 끝에 그림을 참조하여 모티브를 배치하고, 가름실(p.24 참조)로 몸판에 겹치는 부분은 감치고 인접한 모티브는 꿰매 준다.

잎a 6장

열매 16개
단추 1개

※둘째 단은 원형코 가운데로 바늘을 넣어서 첫째 단을 감싸며 뜬다
※만드는 법은 p.24 참조

잎b 4장

✕ = 이랑뜨기
✕ = 이랑뜨기 3코 늘려뜨기

※몸판 뜨개도안은 오른쪽 페이지 참조

들장미 2개

※셋째 단 짧은뜨기는 둘째 단 뒤쪽에서 첫째 단 짧은뜨기에 한다

25 미니 숄
(p.110, 111에서 이어짐)

모티브a
흰노랑 1장
베이지 1장

모티브b
흰노랑 1장

✕ = 짧은뜨기 뒤걸어뜨기 (뒤에서 2단 밑의 단의 코를 주워서 뜬다)
= 한길긴뜨기 4코 팝콘뜨기

모티브c
흰노랑 1장
베이지 1장

모티브d
흰노랑 1장
베이지 1장

잎
흰노랑 4장
베이지 6장

✕ = 이랑뜨기　✕ (여섯째 단)=다섯째 단 ✕의 중심코에 뜬다

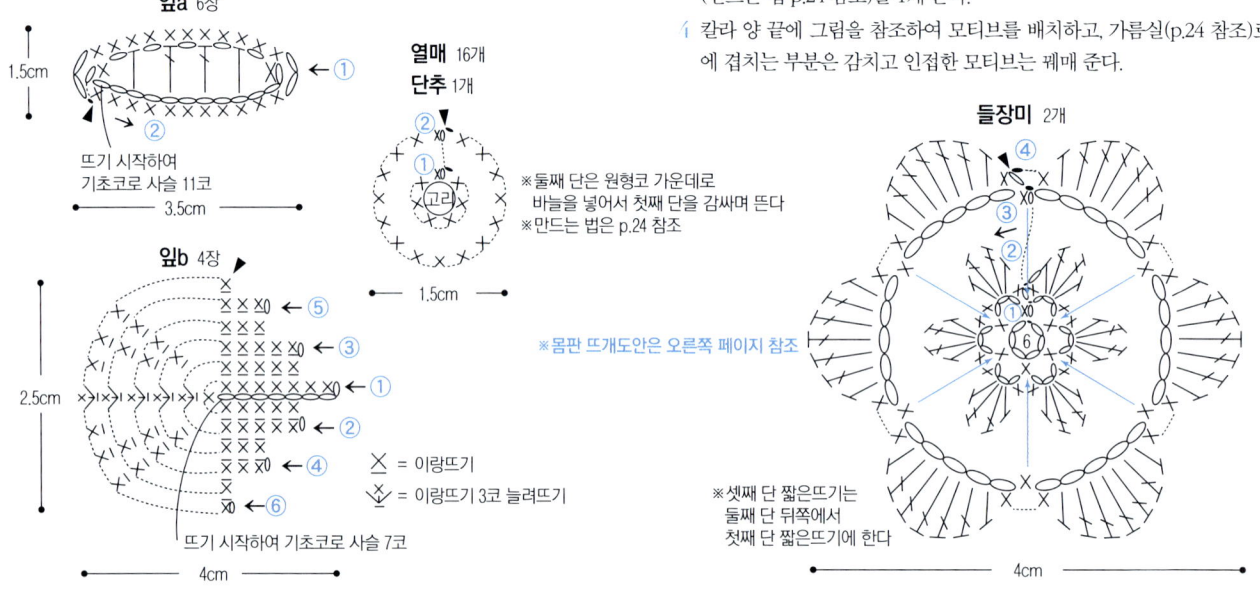

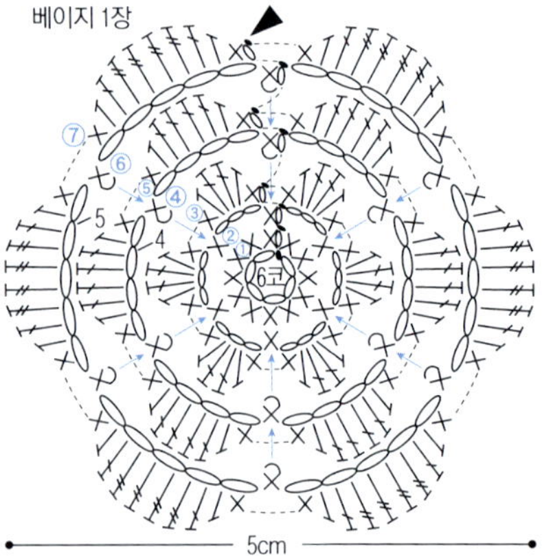

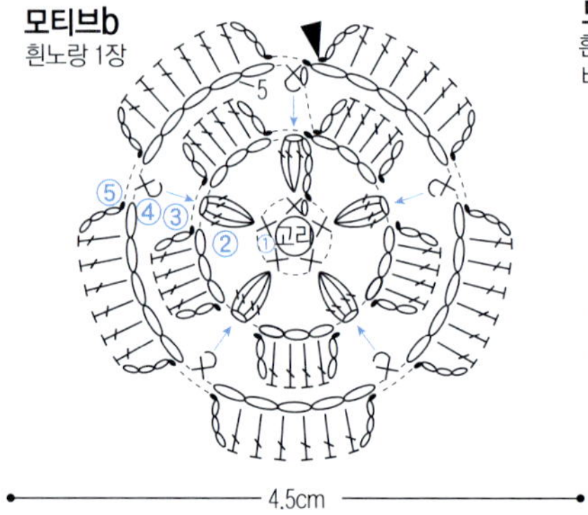

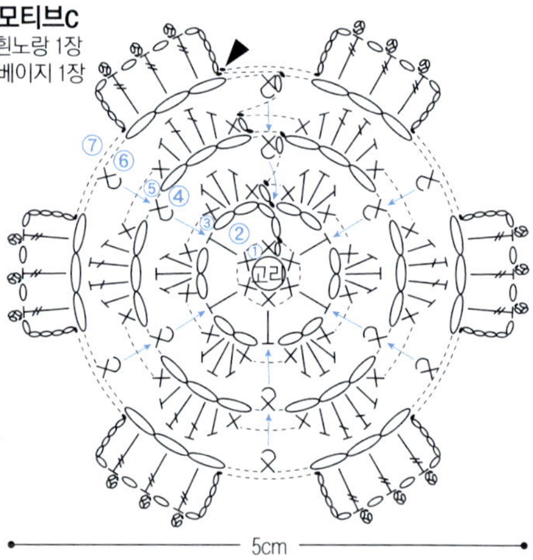

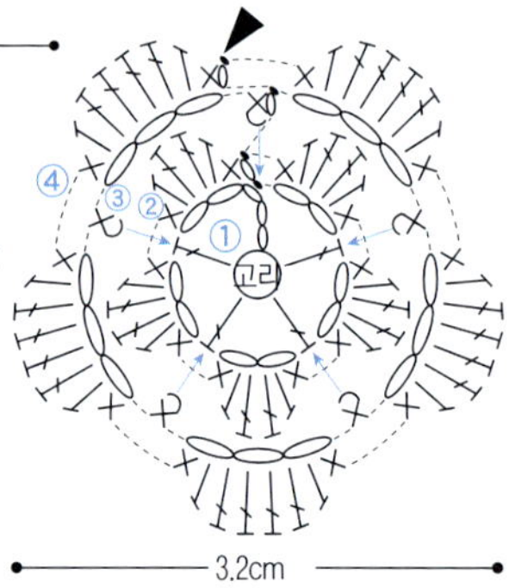

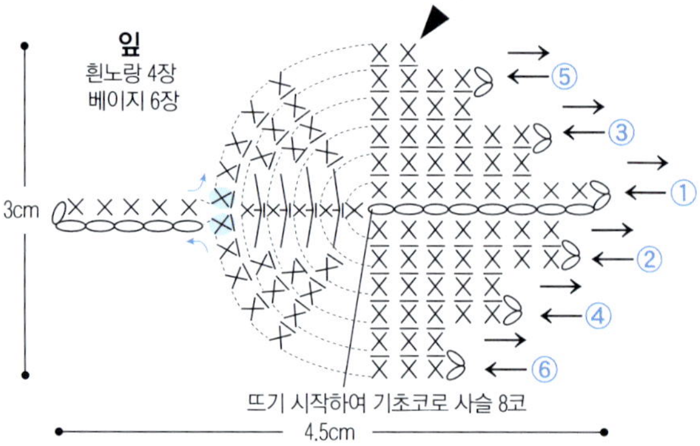

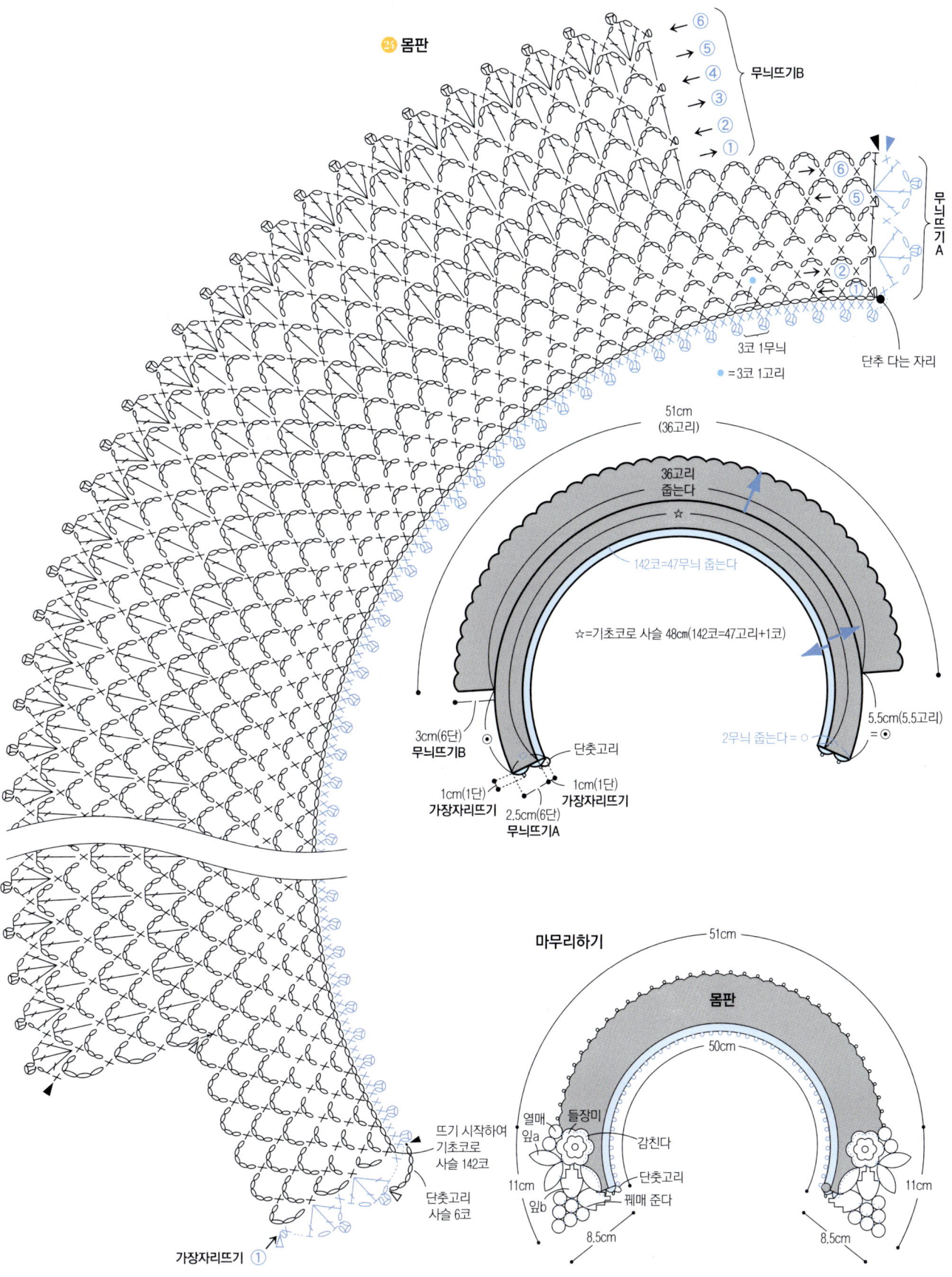

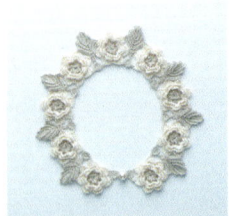

25 장미꽃 & 잎사귀 케이프

Photo • p.54
Point Lesson • p.24

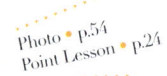

준비물

실 DMC 바빌로 10번 아이보리(ECRU) 15g, 모래색(822) 7g

기타 단추(지름 1㎝) 1개

바늘 레이스용 코바늘 2호

완성 치수 그림 참조

만드는 순서

1 꽃을 9장 뜬다. 실로 원형코를 만들어서 3단을 뜨고, 넷째 단부터 실을 바꿔서 꽃을 뜬다.

2 잎 8장을 마지막 단에서 꽃에 이으면서 뜬다. 잎의 일곱째 단에서 빼떠서 꽃과 잇는다(p.24 참조). 꽃 9장과 잎 8장을 1장으로 이으면서 뜬다.

3 열매 10개를 꽃과 잎에 이으면서 뜬다(양쪽 끝 열매는 콧수가 다르다). 오른쪽 앞중심의 열매에 단춧고리를 만들고, 왼쪽 앞중심의 열매도 뜨개도안처럼 모양을 바꿔서 단추를 달아 준다.

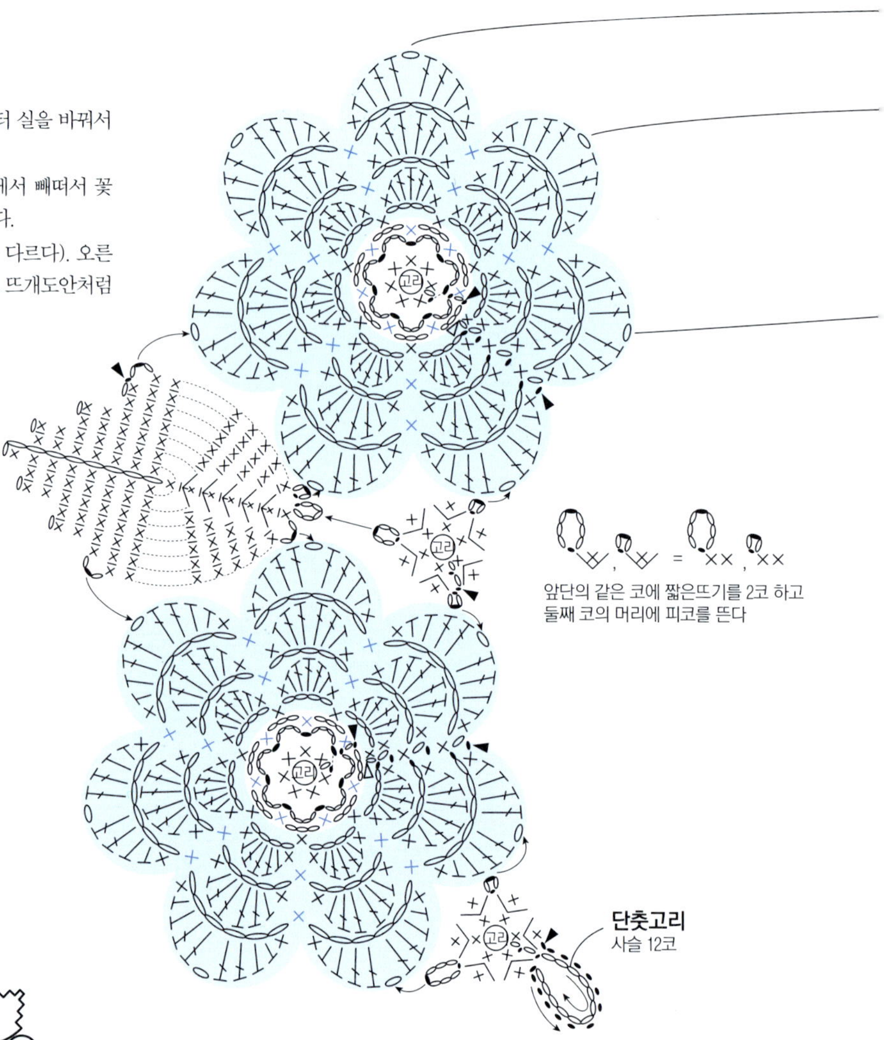
고리
앞단의 같은 코에 짧은뜨기를 2코 하고
둘째 코의 머리에 피코를 뜬다
단춧고리
사슬 12코

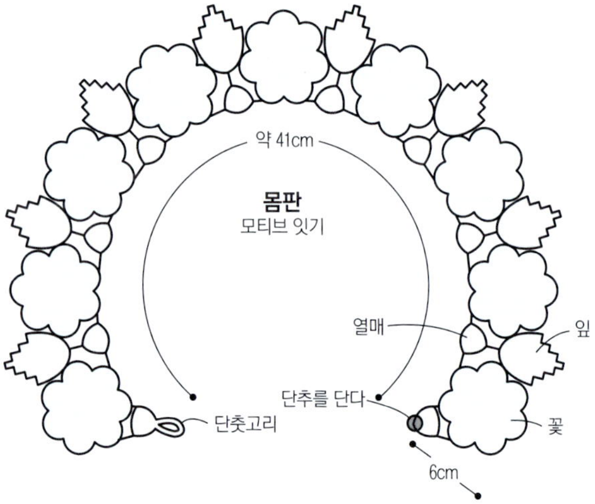
약 41cm
몸판
모티브 잇기
열매
잎
단추를 단다
단춧고리
꽃
6cm

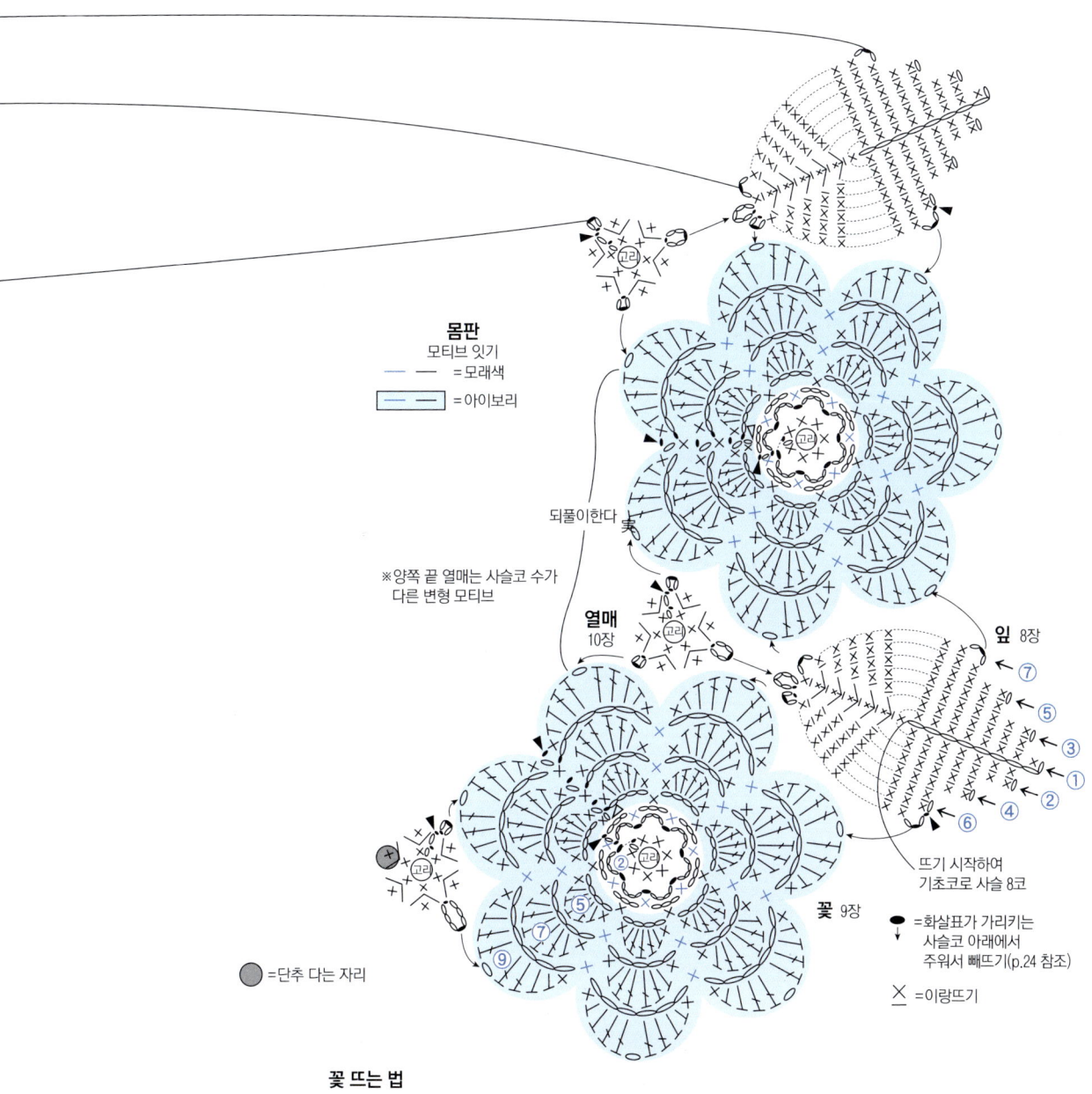

26 장미꽃 케이프 Photo ● p.55

준비물
- **실** DMC 바빌로 10번 아이보리(ECRU) 20g
- **기타** 단추(지름 1cm) 1개
- **바늘** 레이스용 코바늘 2호
- **완성 치수** 그림 참조

만드는 순서
1. 몸판을 뜬다. 기초코로 사슬 165코를 잡고 10군데에서 코를 늘리면서 무늬뜨기로 8단을 뜬다. 계속하여 가장자리뜨기를 뜨개조직 뒤를 보고 1단, 앞을 보고 1단 한다.
2. 모티브를 뜬다. 꽃, 작은 꽃, 잎을 정해진 장수만큼 뜨고 잎과 꽃을 연결해 둔다.
3. 몸판에 모티브를 달고 단추를 달아 준다.

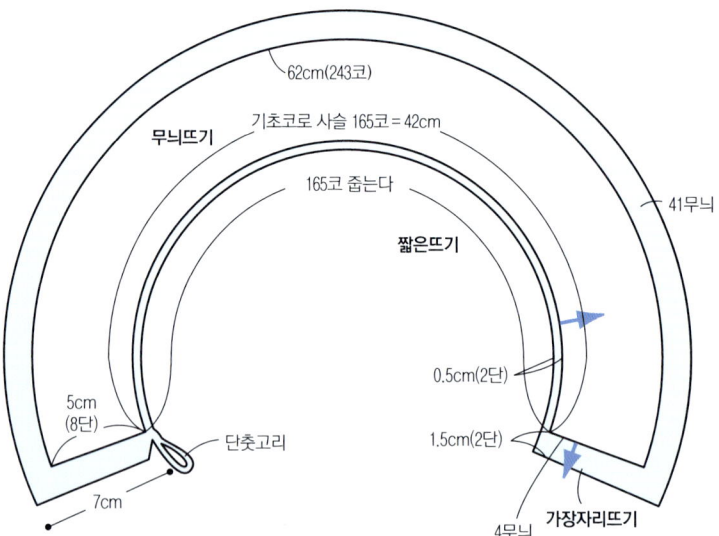

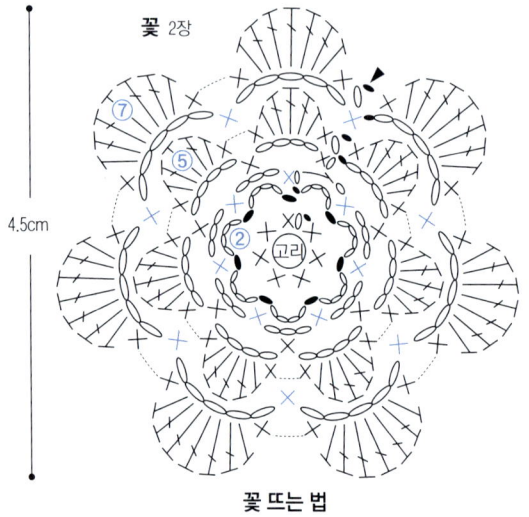

꽃 뜨는 법
- 둘째 단 ● = 첫째 단 짧은뜨기 머리의 앞쪽 반코를 주워서 빼뜬다
- 셋째 단 × = 첫째 단의 남은 반코를 주워서 짧은뜨기를 한다
- 여섯째 단 × = 넷째 단 짧은뜨기의 뒤쪽 다리 2가닥을 주워서 뜬다

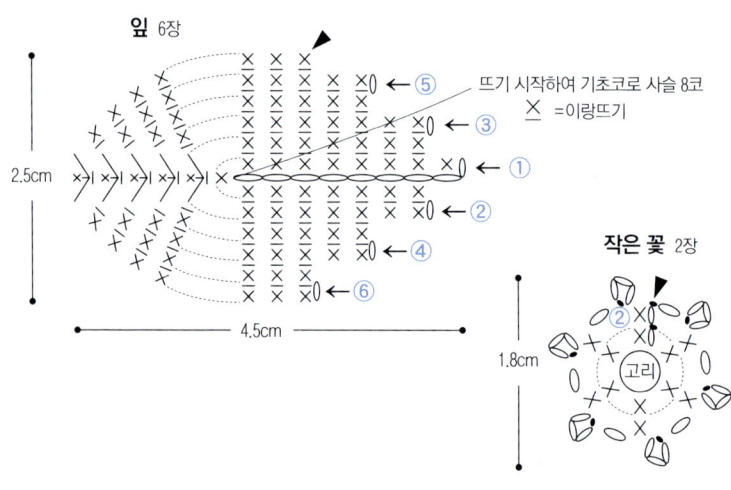

꽃과 잎 모티브 연결하기 2세트

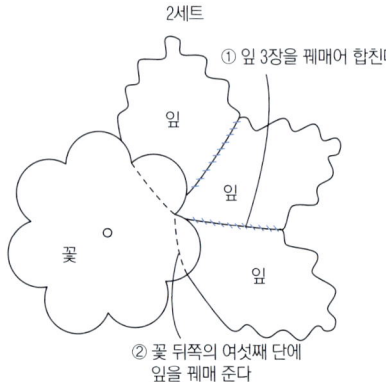

① 잎 3장을 꿰매어 합친다
② 꽃 뒤쪽의 여섯째 단에 잎을 꿰매 준다

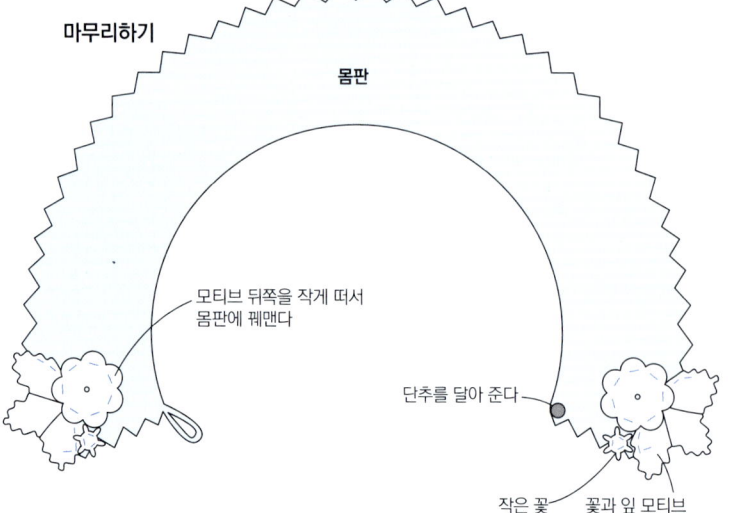

마무리하기

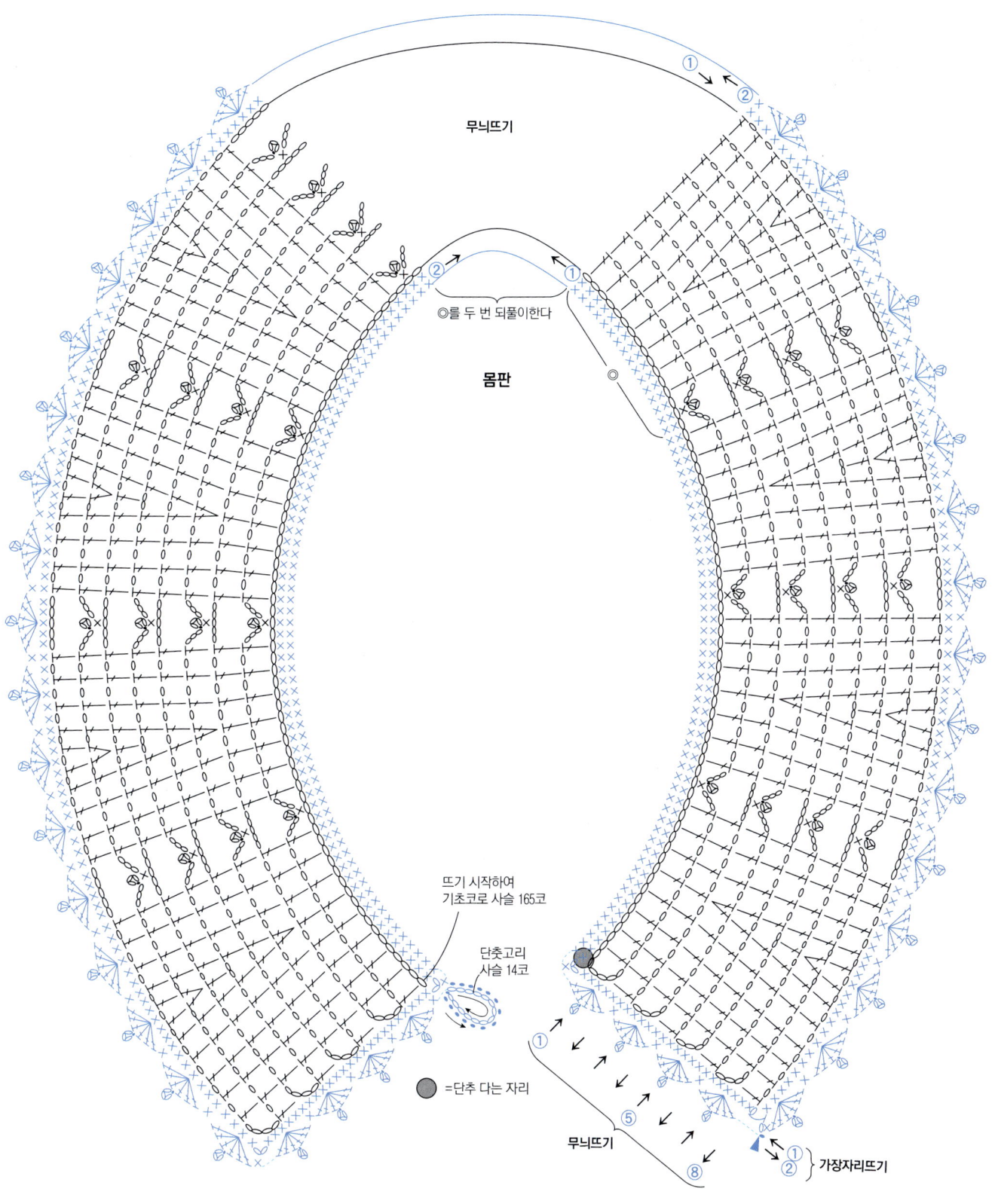

27 셔츠 칼라풍 케이프 Photo • p.56

준비물

실 올림푸스 에미 그란데 검정(901) 47g,
금표 #40 레이스사 검정(901) 4g
기타 단추(지름 1.5cm) 1개
바늘 레이스용 코바늘 6호, 코바늘 2/0호
완성 치수 그림 참조

만드는 순서

1. 위 칼라는 기초코로 사슬 128코를 잡아서 125코를 줍고, 오른쪽 끝 3코를 남기고 첫째 단을 뜬다. 둘째 단에서 157코로 늘려서 무늬뜨기로 뜬다.
2. 받침 칼라는 위 칼라의 기초코 왼쪽 끝에 실을 이어서 기초코 3코를 뜨고, 133코를 주워서 짧은뜨기를 한다.
3. 위 칼라와 받침 칼라 둘레에 각각 가장자리뜨기를 한다.
4. 꽃 모티브 a, b는 필요한 장수만큼 떠서 위 칼라의 정해진 자리에 달아 준다.
5. 단추를 달아서 마무리한다.

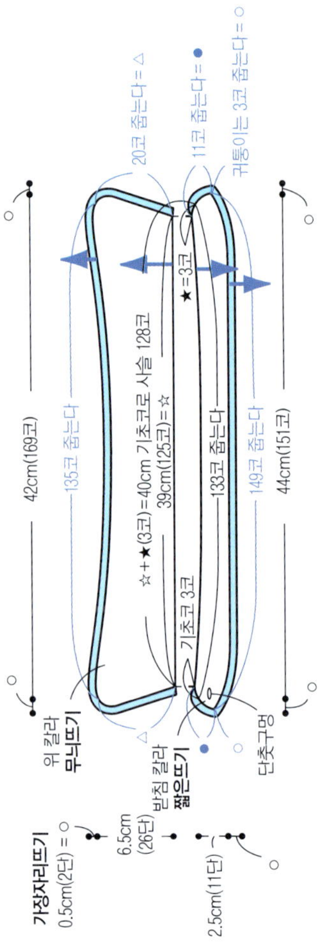

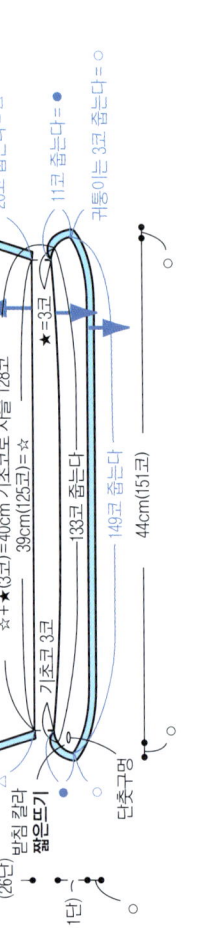

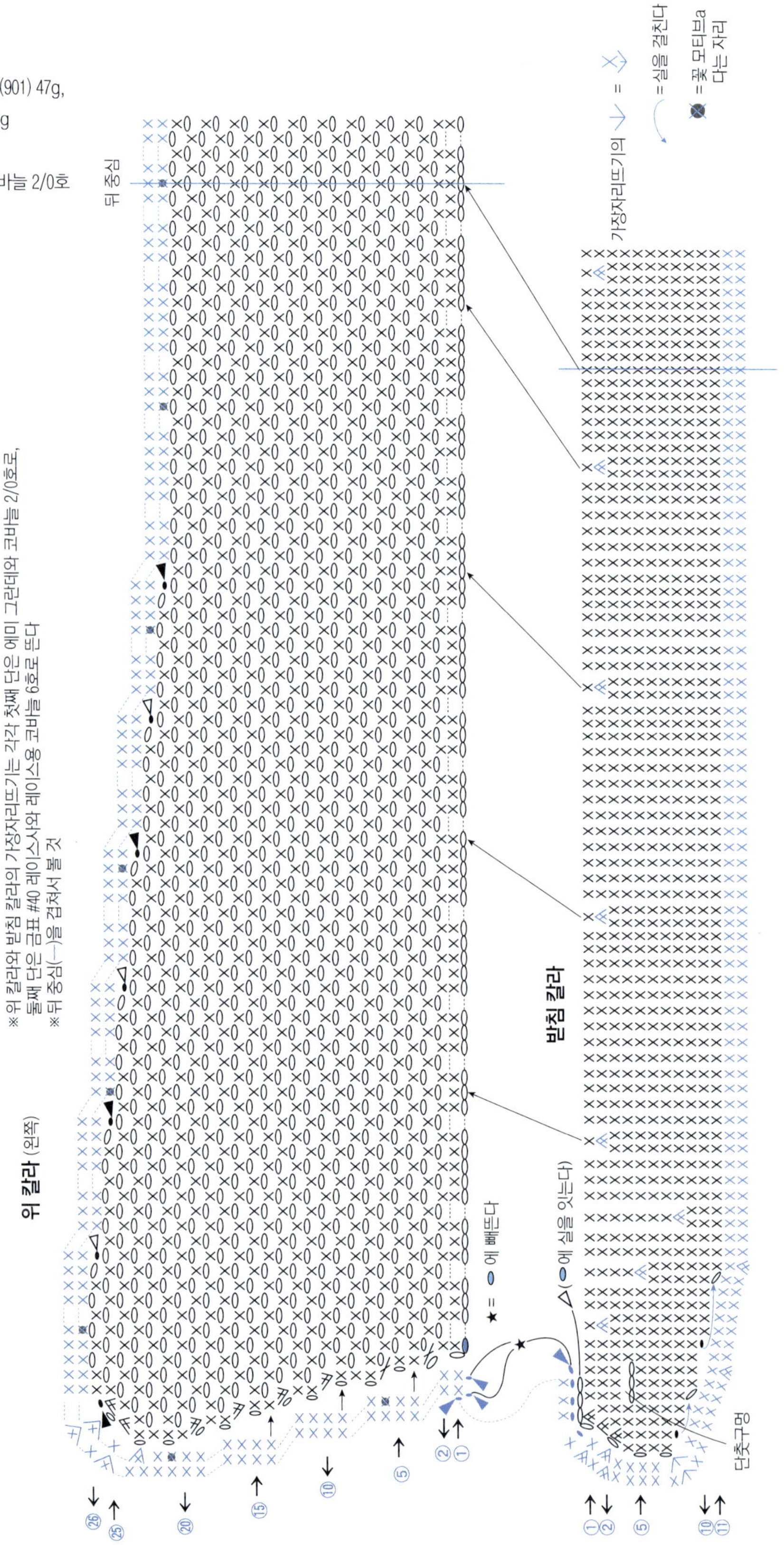

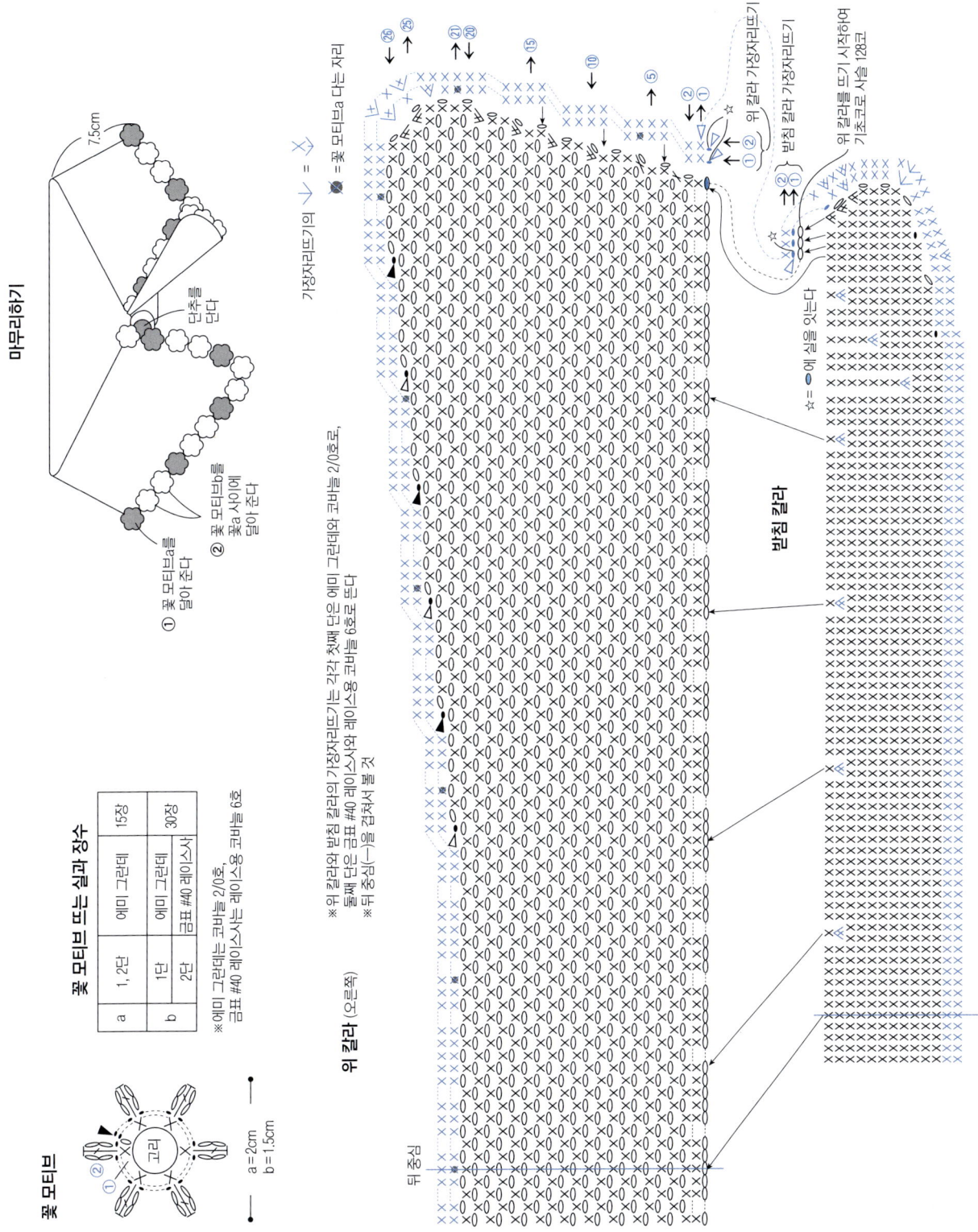

28 프릴 케이프 Photo ● p.57

준비물

- **실** 올림푸스 에미 그란데 오프화이트(851) 30g
- **기타** 펄 비즈(4mm) 2개
- **바늘** 레이스용 코바늘 0호
- **완성 치수** 그림 참조

만드는 순서

1. 몸판은 기초코로 사슬 200코를 잡고, 첫째 단은 기초코의 위쪽 반코와 사슬코 산을 주워 무늬뜨기로 6단을 뜬다. 실을 이어서 둘레에 가장자리뜨기를 한다.
2. 끈은 뜨기 시작할 때 실을 약 380cm 남기고 장식을 뜬 뒤에 스레드 끈(p.17 참조)을 뜬다. 계속하여 장식을 뜨고, 몸판의 가장자리뜨기 첫째 단에 뜨개도안을 참조하여 끈을 끼운다.
3. 끈의 장식 부분에 펄 비즈를 달아 준다.

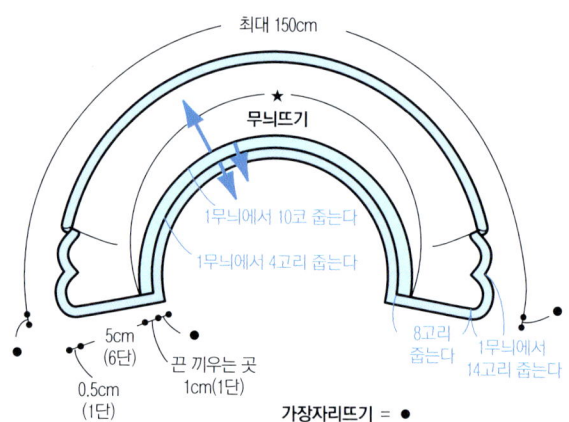

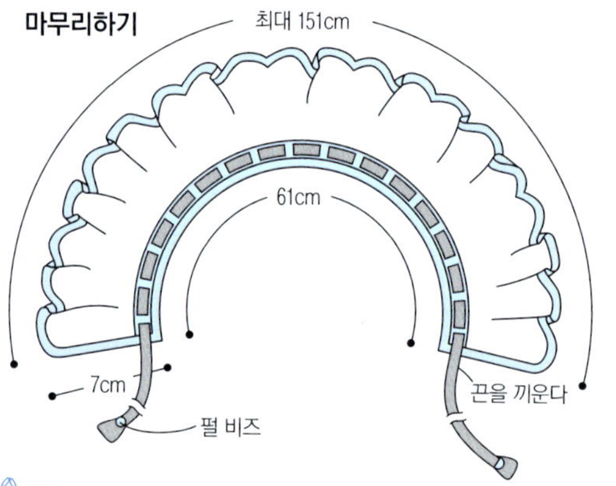

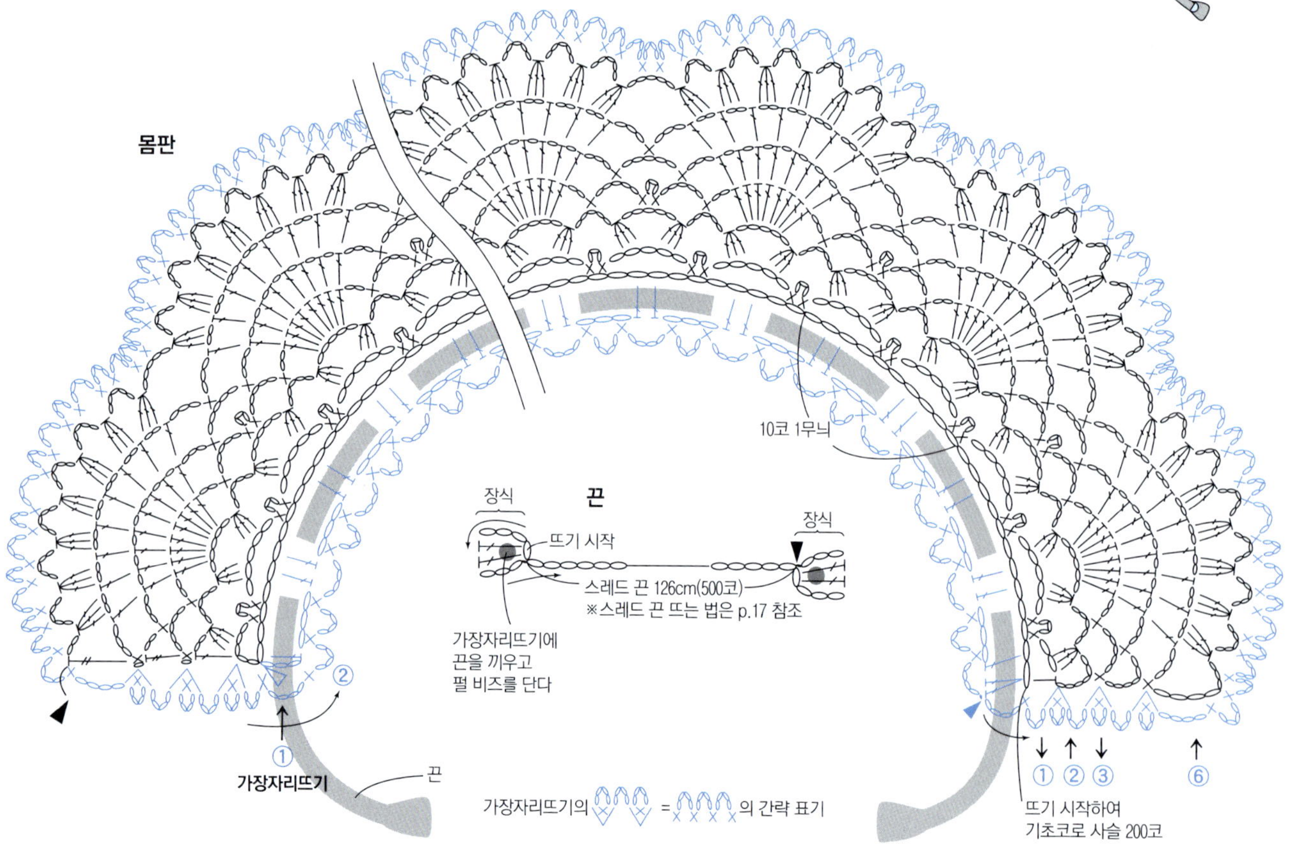

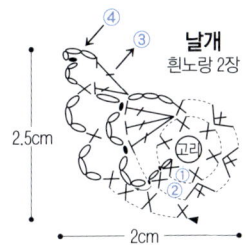

33 파랑새 미니 리스
Photo • p.62~63
Point Lesson • p.25

◇ 준비물 ◇

실

미니 리스 올림푸스 에미 그란데〈허브스〉 녹연두(273) 2g, 베이지(732) 1g, 크림색(560) 분홍(119) 조금씩, 에미 그란데 연한 파랑(364) 2g, 갈색(738) 조금

꽃A, 꽃B 에미 그란데〈허브스〉 분홍(119) 주황(171) 크림색(560) 조금씩, 에미 그란데 갈색(738) 조금

기타 매트브라운 펄 비즈(지름 3mm) 1개, 꽃철사 #26 36cm 1줄, 구름솜 조금

바늘 레이스용 코바늘 0호

완성 치수 지름 8.5cm

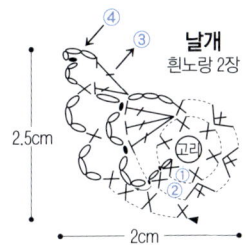

날개 흰노랑 2장
2.5cm × 2cm

꽃술
꽃A 크림색 4장
꽃B 갈색 5장

뜨기 시작하여 기초코로 사슬 1코

※뜨기 시작과 뜨기 끝의 실을 꽃A, 꽃B의 가운데에 끼워서 꿰맨다

꽃B
크림색 3장
주황 1장
분홍 1장
1.8cm

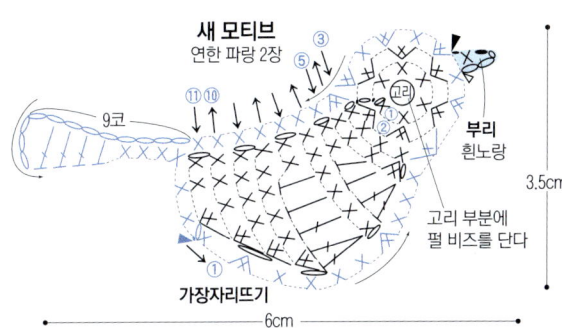

새 모티브 연한 파랑 2장
부리 흰노랑
3.5cm × 6cm
가장자리뜨기
고리 부분에 펄 비즈를 단다

※부리 이외의 부분을 2장 뜨고, 이 2장을 겹쳐서 가장자리를 감치면서 도중에 구름솜을 조금 채운다
※부리는 2장 겹쳐서 흰노랑으로 떠 준다

몸판 녹연두 1장
뜨기 시작
꽃철사
● 의 빼뜨기는 ○에 한다
※꽃철사를 지름 6cm로 둥글게 구부리고 양 끝을 꼬아서 연결하여 사용한다. 짧은뜨기를 할 때 꽃철사를 감싸며 뜬다(p.25 참조)
8.5cm

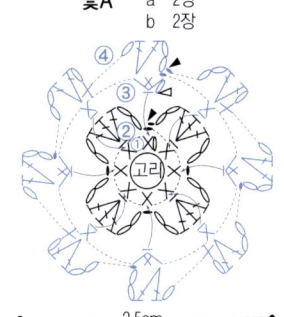

꽃A a 2장 / b 2장
2.5cm

꽃A 배색표

단	a	b
3, 4단	갈색	갈색
1, 2단	분홍	주황

※둘째 단 한길긴뜨기는 첫째 단 머리의 앞쪽 반코를 주워서 뜬다
※셋째 단 짧은뜨기는 첫째 단 머리의 뒤쪽 반코를 주워서 뜬다

마무리하기

꽃A(a)를 몸판에 단다
날개를 새 모티브에 단다
몸판
새 모티브를 몸판에 단다

꽃A, B 만드는 법
꽃술의 뜨기 시작과 뜨기 끝의 실을 꽃 가운데에 끼워서 꿰맨다

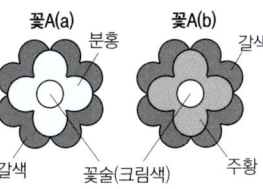

꽃A(a) 분홍 / 갈색 / 꽃술(크림색)
꽃A(b) 갈색 / 주황 / 꽃술

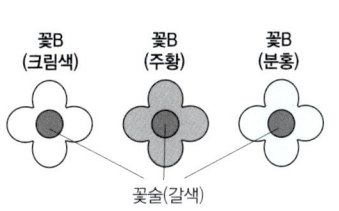

꽃B (크림색) / 꽃B (주황) / 꽃B (분홍)
꽃술(갈색)

29 미니 솔 Photo • p.58~59

준비물

실 올림푸스 에미 그란데〈허브스〉흰노랑(732) 60g, 에미 그란데〈컬러즈〉베이지(731) 10g
기타 구름솜 적당히
바늘 레이스용 코바늘 0호
게이지(가로 세로 각 10cm) 무늬뜨기 34코 10단
완성 치수 그림 참조

만드는 순서

1. 몸판은 기초코로 사슬 259코를 잡고 양 끝에서 코를 줄이면서 무늬뜨기로 33단을 뜬다.
2. 가장자리뜨기는 몸판에서부터 연결하여 뜬다. 뜨개도안을 참조하여 둘레 3변에 가장자리뜨기A, B를 2단씩 한다.
3. 정해진 자리 2군데에 끈을 뜬다.
4. 각 모티브, 잎, 열매를 각각 정해진 장수만큼 뜬다(모티브a~d, 잎 뜨는 법은 p.100 참조). 마무리하기 그림을 참조하여 모티브를 몸판에 달아 준다.

※오른쪽 페이지로 이어짐

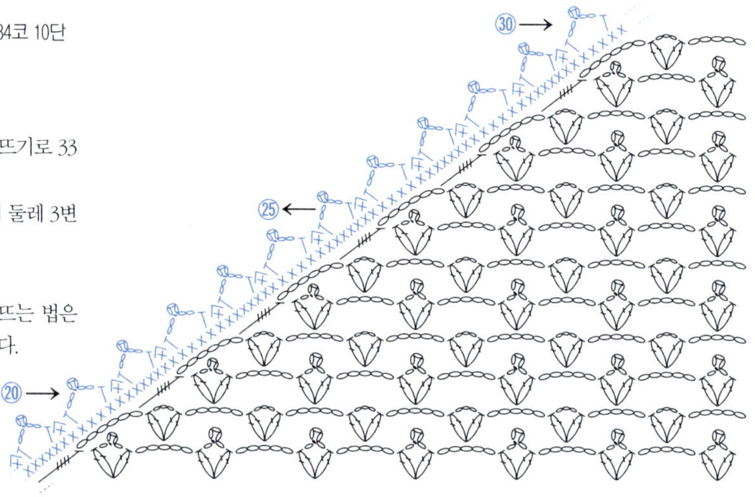

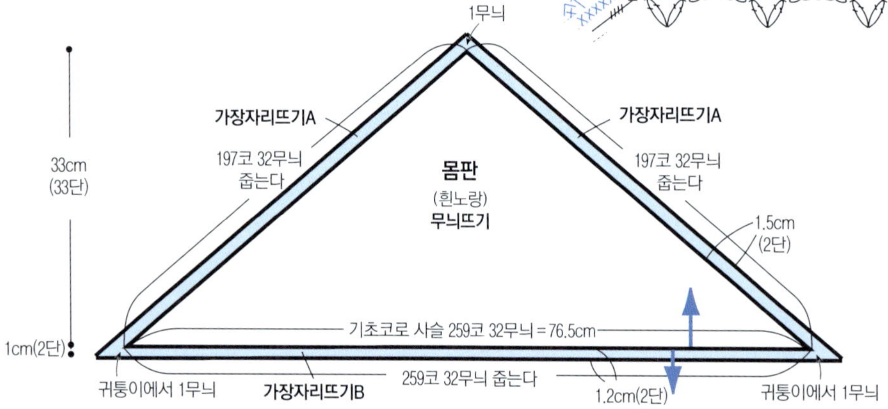

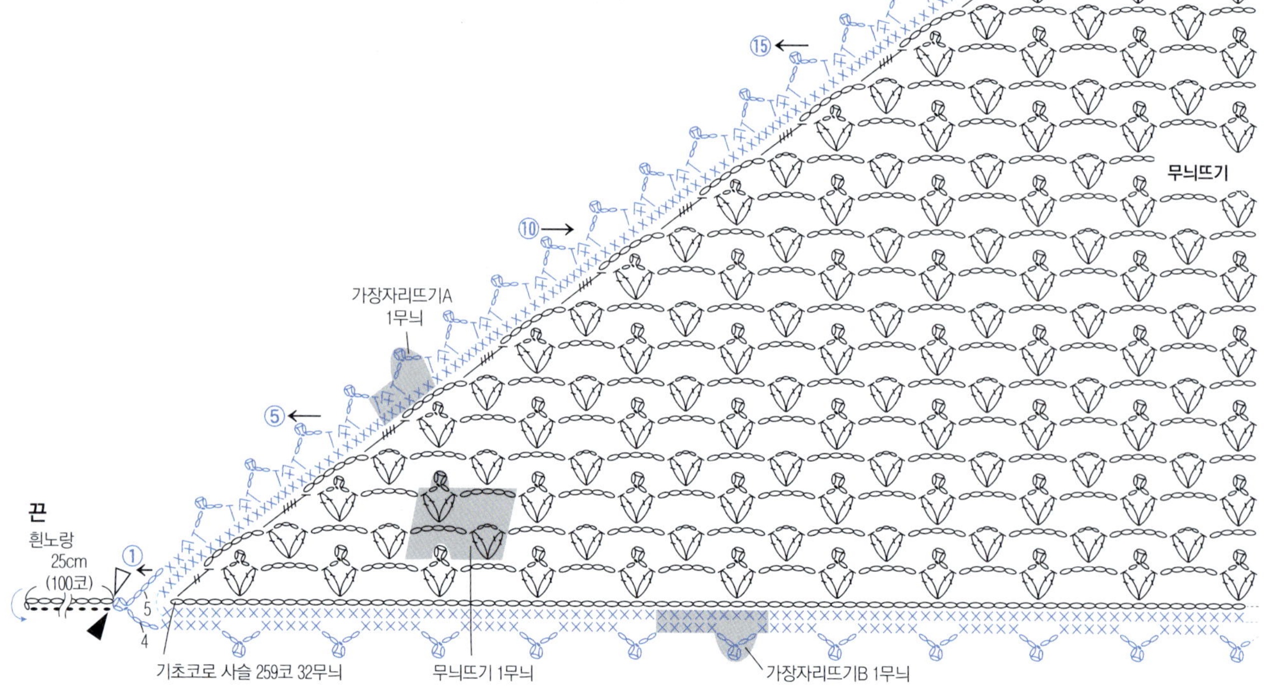

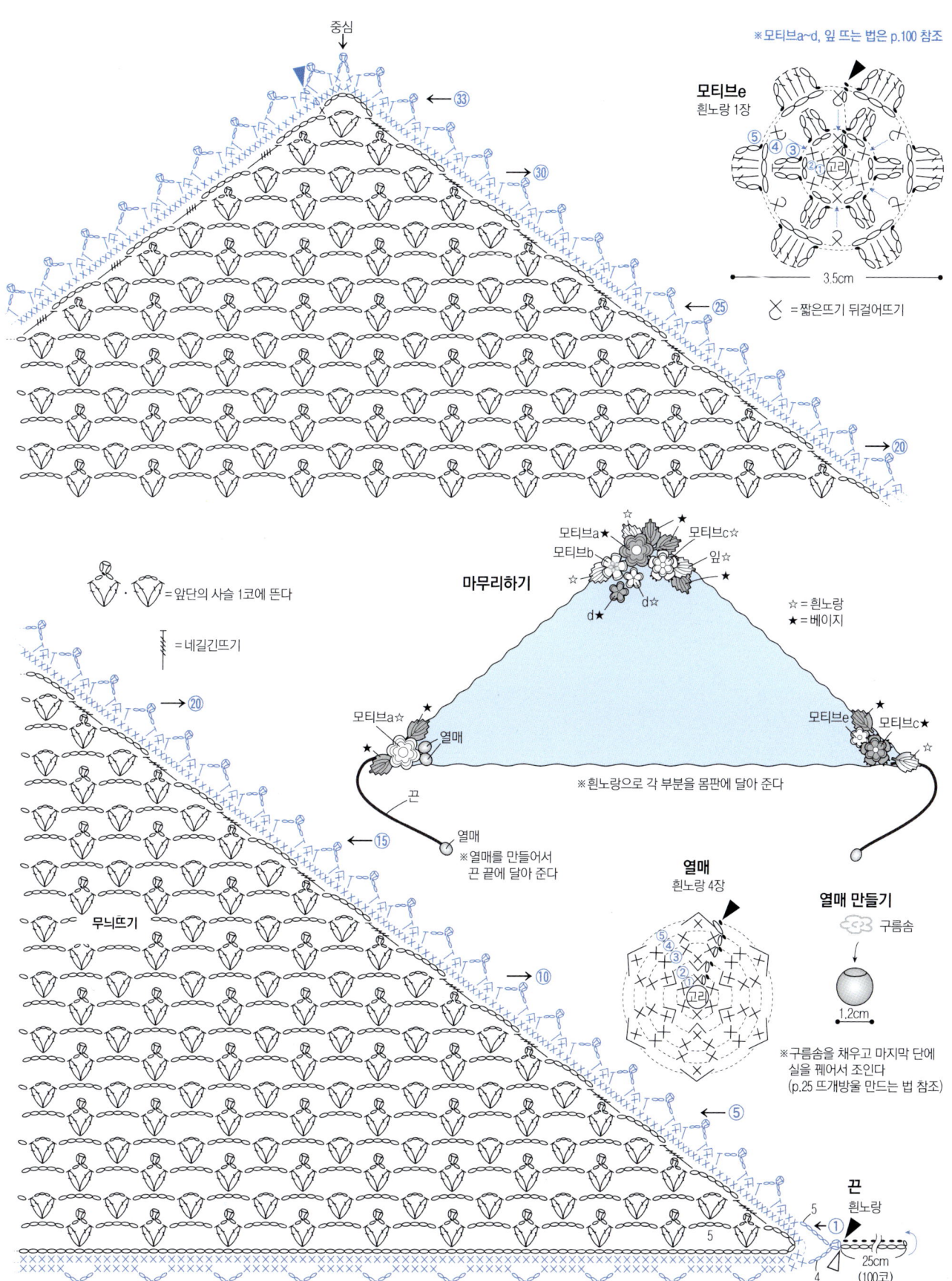

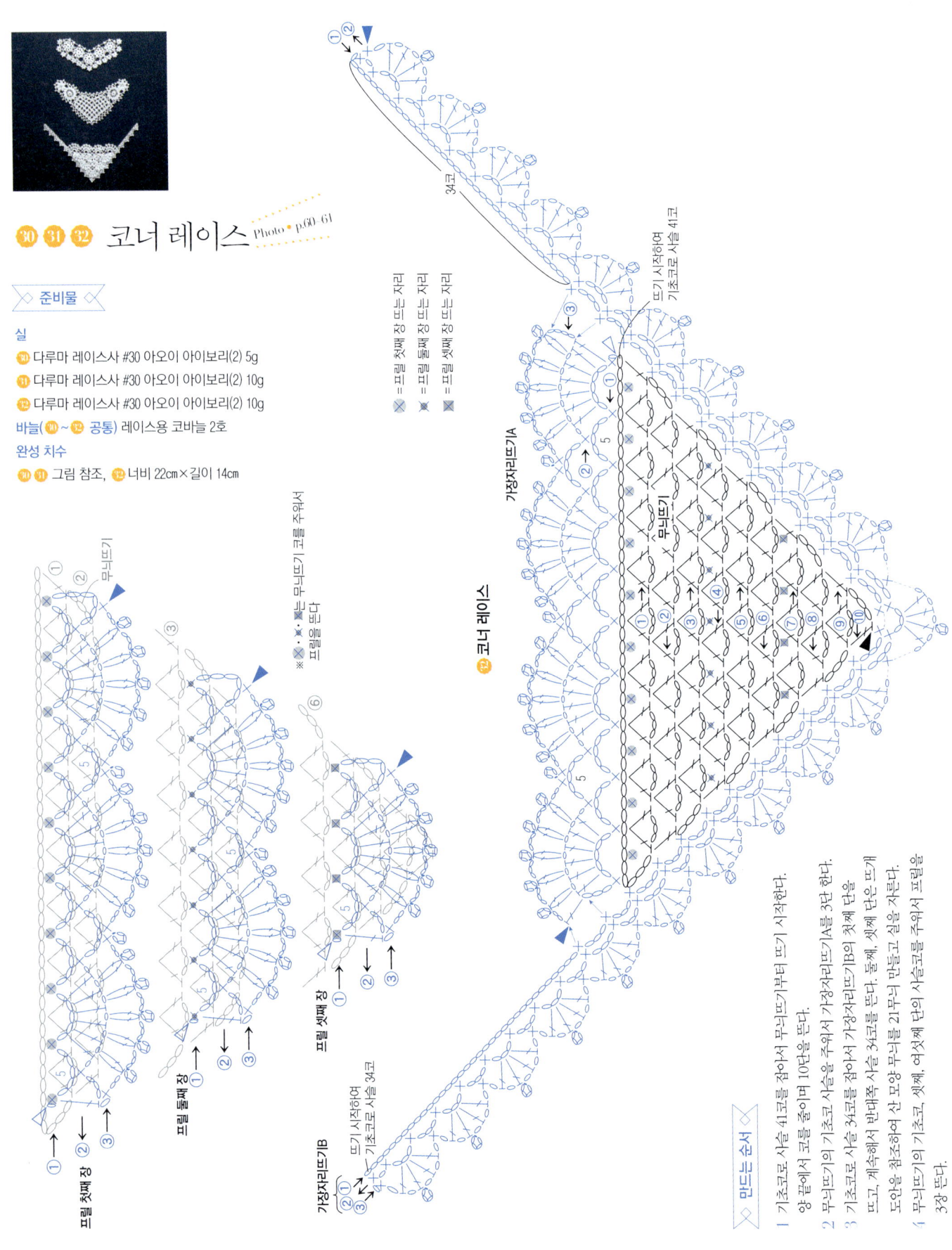

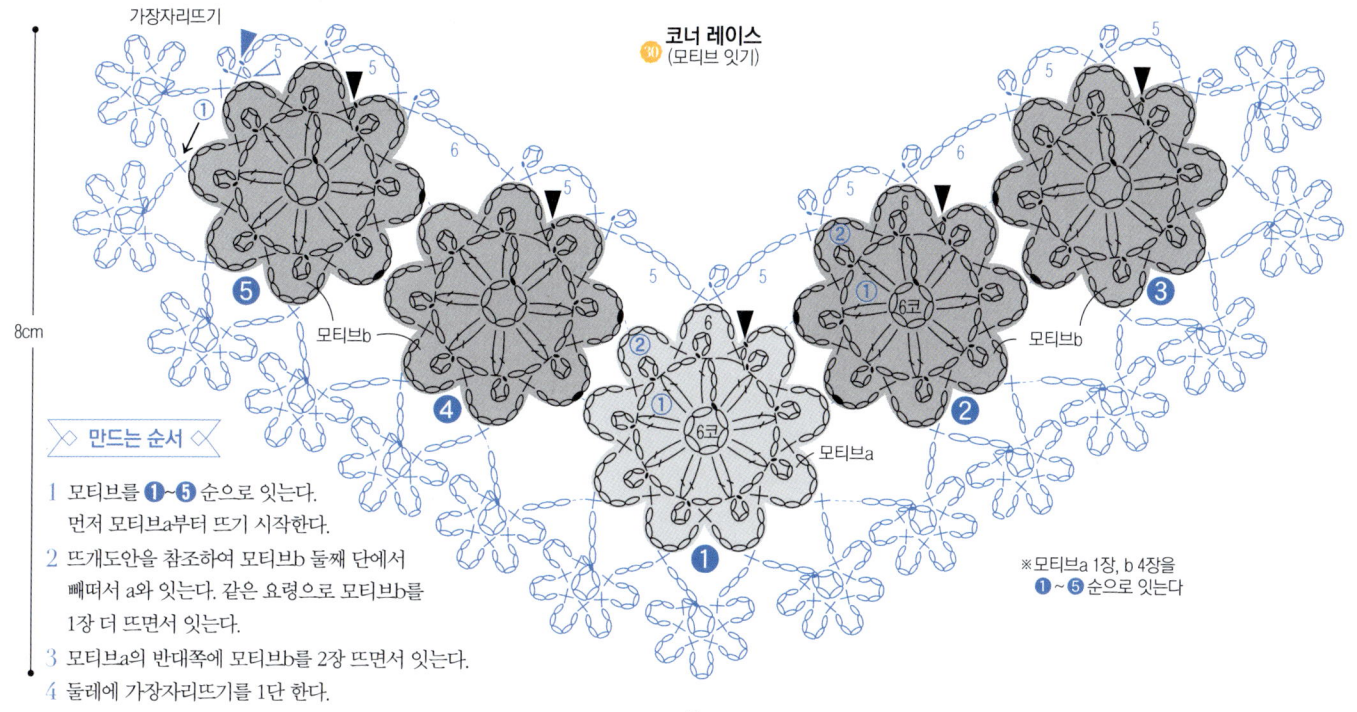

③⓪ 코너 레이스 (모티브 잇기)

만드는 순서

1. 모티브를 ①~⑤ 순으로 잇는다. 먼저 모티브a부터 뜨기 시작한다.
2. 뜨개도안을 참조하여 모티브b 둘째 단에서 빼뜨서 a와 잇는다. 같은 요령으로 모티브b를 1장 더 뜨면서 잇는다.
3. 모티브a의 반대쪽에 모티브b를 2장 뜨면서 잇는다.
4. 둘레에 가장자리뜨기를 1단 한다.

※ 모티브a 1장, b 4장을 ①~⑤ 순으로 잇는다

③① 코너 레이스 (모티브 잇기)

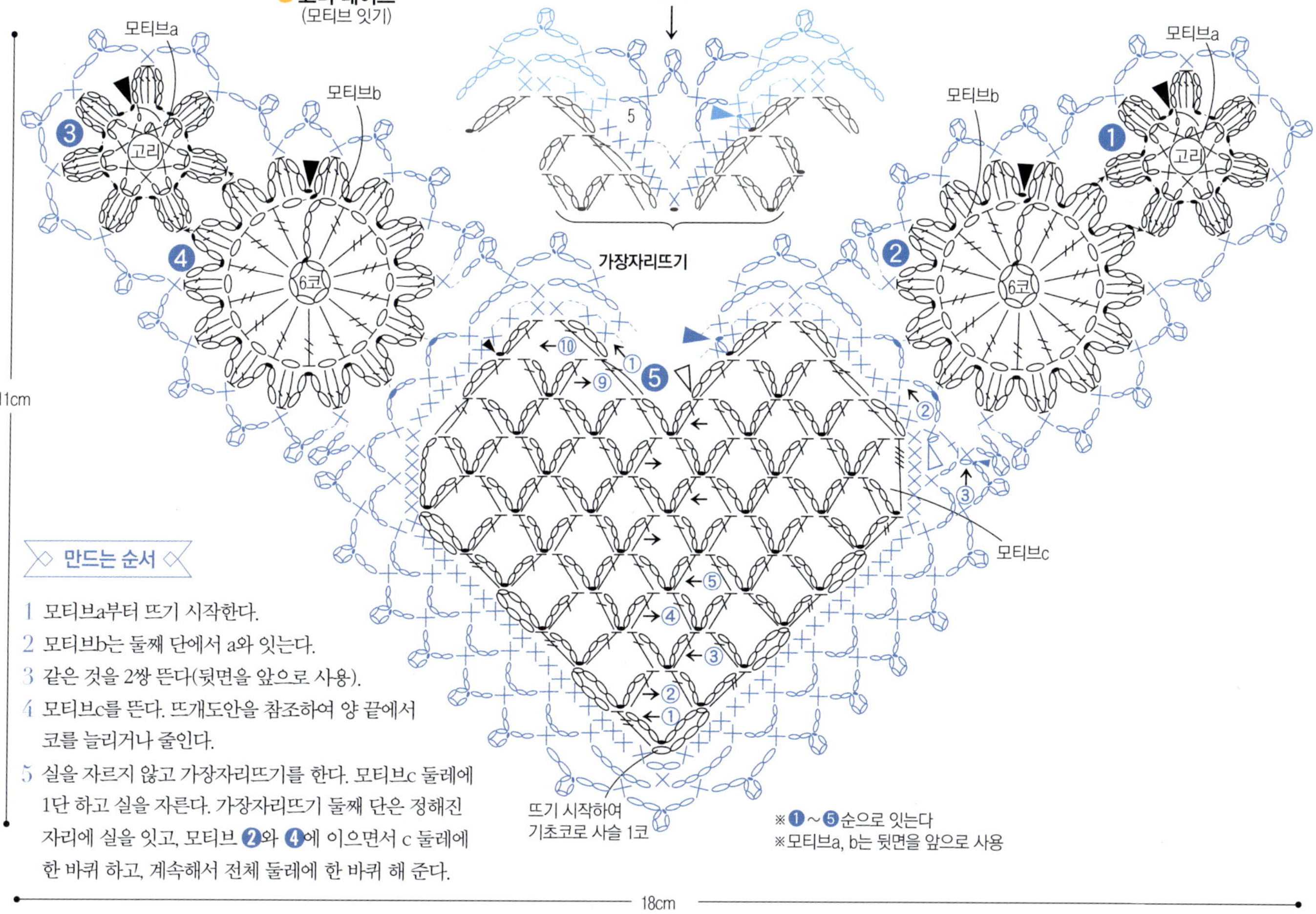

만드는 순서

1. 모티브a부터 뜨기 시작한다.
2. 모티브b는 둘째 단에서 a와 잇는다.
3. 같은 것을 2쌍 뜬다(뒷면을 앞으로 사용).
4. 모티브c를 뜬다. 뜨개도안을 참조하여 양 끝에서 코를 늘리거나 줄인다.
5. 실을 자르지 않고 가장자리뜨기를 한다. 모티브c 둘레에 1단 하고 실을 자른다. 가장자리뜨기 둘째 단은 정해진 자리에 실을 잇고, 모티브 ②와 ④에 이으면서 c 둘레에 한 바퀴 하고, 계속해서 전체 둘레에 한 바퀴 해 준다.

※ ①~⑤ 순으로 잇는다
※ 모티브a, b는 뒷면을 앞으로 사용

● 이 책에서 사용한 실 소개 (사진은 실물 크기)

★ 1~17은 모두 재질-〉구성-〉실 길이-〉색상 수-〉알맞은 바늘 순입니다
★ 색상 수는 2014년 4월 기준입니다

1 금표 #40 레이스사
2 에미 그란데
3 에미 그란데〈허브스〉
4 에미 그란데〈컬러즈〉
5 코튼 노비아〈바리에〉
6 실크 비주 쿨뢰르
7 수플레〈가는 실〉
8 수플레〈굵은 실〉
9 티티 크로셰
10 워시 코튼〈크로셰〉
11 아마사〈리넨〉
12 코마코마
13 레이스사 #30 아오이
14 고마키 Cafe데미
15 스피마 크로셰
16 CEBELIA(세베리아) 10번
17 BABYLO(바빌로) 10번

올림푸스
1 금표 #40 레이스사: 면 100%, 〈10g 1볼: 약 89m, 32색〉, 〈50g 1볼: 약 445m, 33색〉, 〈100g 1볼: 약 890m, 1색〉, 레이스용 코바늘 6~8호
2 에미 그란데: 면 100%, 〈50g 1볼: 약 218m, 47색〉, 〈100g 1볼: 약 436m, 3색〉, 레이스용 코바늘 0호~코바늘 2/0호
3 에미 그란데〈허브스〉: 면 100%, 20g 1볼, 약 88m, 18색, 레이스용 코바늘 0호~코바늘 2/0호
4 에미 그란데〈컬러즈〉: 면 100%, 10g 1볼, 약 44m, 26색, 레이스용 코바늘 0호~코바늘 2/0호
5 코튼 노비아〈바리에〉: 면 100%, 30g 1볼, 약 97m, 16색, 코바늘 4/0~5/0호
6 실크 비주 쿨뢰르: 레이온 40% 면 37% 견 23%, 30g 1볼, 약 103m, 13색, 코바늘 3/0~4/0호
7 수플레〈가는 실〉: 면 100%, 25g 1볼, 약 123m, 10색, 코바늘 3/0~4/0호
8 수플레〈굵은 실〉: 면 100%, 25g 1볼, 약 65m, 7색, 코바늘 5/0~6/0호

하마나카
9 티티 크로셰: 면 100%, 40g 1볼, 약 170m, 24색, 코바늘 2/0~3/0호
10 워시 코튼〈크로셰〉: 면 64% 폴리에스테르 36%, 25g 1볼, 약 104m, 27색, 코바늘 3/0호
11 아마사〈리넨〉: 마 100%, 25g 1볼, 약 42m, 19색, 코바늘 5/0호
12 코마코마: 지정 외 섬유(황마) 100%, 40g 1볼, 약 34m, 12색, 코바늘 8/0호

다루마
13 레이스사 #30 아오이: 면(스피마) 100%, 25g 1볼, 145m, 21색, 레이스용 코바늘 2~4호
14 고마키 Cafe데미: 아크릴 70% 모 30%, 5g, 19m, 30색, 코바늘 2/0~3/0호
15 스피마 크로셰: 면(스피마) 100%, 25g 1볼, 약 116m, 37색, 코바늘 2/0~3/0호

DMC
16 CEBELIA(세베리아) 10번: 면 100%, 50g 1볼, 약 270m, 〈기본색〉 8색 〈컬러〉 31색, 레이스용 코바늘 0~2호
17 BABYLO(바빌로) 10번: 면 100%, 〈50g 1볼: 약 267m, 39색〉, 〈100g 1볼: 약 533m, 4색〉, 레이스용 코바늘 0~2호

× 대체 가능한 추천 실 ×

금표 #40 레이스사	피마룩스 35's(PIMA LUX 35's)
에미 그란데	
에미 그란데〈허브스〉	
에미 그란데〈컬러즈〉	
코튼 노비아〈바리에〉	하이소프트(High Soft)
실크 비주 쿨뢰르	샹브르(Chanvre)
수플레〈가는 실〉	코튼3(Phil Coton3)
수플레〈굵은 실〉	
티티 크로셰	피마룩스(PIMA LUX)
워시 코튼〈크로셰〉	
아마사〈리넨〉	하이소프트(High Soft)
코마코마	쥬트(Jute) ※2겹 사용
레이스사 #30 아오이	피마룩스(PIMA LUX)
고마키 Cafe데미	
스피마 크로셰	
CEBELIA(세베리아) 10번	피마룩스 35's(PIMA LUX 35's)
BABYLO(바빌로) 10번	

코바늘로 만드는 내추럴 잡화
우아한
코바늘 손뜨개

초판 1쇄 2015년 3월 5일
초판 7쇄 2024년 8월 21일

지은이 | applemints
옮긴이 | 남궁가윤
감수 | 송영예
펴낸이 | 서인석
펴낸곳 | ㈜제우미디어
출판등록 | 제 3-429호
등록일자 | 1992년 8월 17일
주소 | 서울시 마포구 독막로 76-1 한주빌딩 5층
전화 | 02-3142-6845
팩스 | 02-3142-0075
홈페이지 | www.jeumedia.com
블로그 | blog.naver.com/jeumediablog

ISBN 978-89-5952-332-0

값은 뒤표지에 있습니다.
파본은 구입하신 서점에서 교환해 드립니다.

| 만든 사람들 |
출판사업부총괄 | 손대현
기획편집 | 홍지영
기획팀 | 전태준, 김혜리, 신한길, 윤여은, 여인우
영업 | 김영욱, 박임혜
제작 | 김금남
디자인 | 올디자인그룹
인쇄 · 제본 | (주)신우디피케이, 정민제본